旬菜を楽しむ

カリ～ビトの

辞典 アチャール カリ＆

冬・春版

Layered Little Press

はじめに

　冬・春版の本を実際に手にしてみて、「ここまでやってこれたんだな〜」ってしみじみ感じています。10年前に飯田橋でお店をオープンして、まさかここまでくるとは思っていませんでした。というよりはそんな考えもなく、ただ好きなカレーを作って、それを皆さんに食べてもらいその対価としてお金をいただく。みんなが美味しいって言ってくれればそれで満足、最初はそんな感じだったと思います。

　今でもその考え方はあまり変わってはいないと思っていますが、ちょっと進化したと自分でも思うのは、皆さんにもカレー作りの楽しさをカリ〜ビトのレシピで体感してもらえたらいいな〜と思うようになった事でしょうか。

　「カレーは日本の国民食」という言葉がありますが、その意味のほとんどは「ルー」を使ったカレーです。具材を少し炒めて水を入れ、沸いたら少し煮込んでルーを溶かし入れる。自分で味付けさえもしなくていいのに、それであんなに美味しいカレーが出来てしまうなんて、本当にすごいことだと思います。まさにインド人もビックリ、ですよね（笑）

　私ももちろん昔からそんなルーカレーが大好きでしたし、カレーと言えばルーカレーで、他のカレーのことはあまりよく知りませんでした。それが10年前、スパイスカレーに出逢って一変します。色とりどりのスパイスからカレーを作る。今までの自分の中のカレーの概念がひっくり返り、その奥深さと楽しさにズッポリハマってしまいました。私の辞書の「カレー」の項目に、今まで知らなかった色んな国々のカレーや、摩訶不思議でスパイシーな料理たちがどんどん追加されていったんですね。アジアを中心に無限大に広がるスパイスの世界は、カレーだけでなく、アチャールをはじめとする全く新しい料理との出会いも私にもたらしてくれたんです。

　まるでパズルを組み上げるように、具材とスパイスを組み合わせて自分の理想の完成図に近づける。しかもそのためのルールや方法論は国によって、人によってみんな違うんです。こんな自由度の高くてやりこみ要素満載な料理、一度ハマったら抜け出せませんよね。そんなスパイスカレー作りの楽しさを、この本を通じて皆さんと共有できたらいいな〜と思っています。

▷使用するスパイス・食材の紹介と火加減の説明はこちらから

本書の使い方　その②

　本書は先に発売した夏・秋版と同じく、1.「使用するスパイス・食材の紹介と火加減の説明」、2.「野菜とレシピの紹介」、3. 番外編的なコンテンツをまとめた「付録」の３つの内容で構成されています。

　1.「使用するスパイス・食材の紹介と火加減の説明」では、本書で登場するスパイスと食材について網羅的に解説してあります。左ページに挿入してある QR コードからご覧ください。限られた紙面で、なるべくたくさんの情報をお届けするために QR コードを活用していますが、スマホで表示させておけば、料理中にページをめくりなおす必要がないという率直な評判をいただいております。

　2.「野菜とレシピの紹介」では、冬の野菜と春の野菜をそれぞれ五十音順に並べています。夏・秋版では野菜は全て一緒くたでしたが、今回は冬の野菜と春の野菜をそれぞれ別で五十音順に並べてあります。冬の寒い時期と春の温かくなる時期では体が欲するものがはっきり違うので、季節ごとに野菜が並んでいた方が、今食べたいものをより直感的に探せるのではないかと思ったのです。それぞれの野菜については下ごしらえの方法、保存方法、旬の情報や雑学も夏・秋版同様に掲載していますので、カレー作り以外の日常生活でも役に立つと思います。

　3.「付録」では、番外編レシピ、余った野菜をまとめて消費できるお役立ちレシピや、ちょっとマニアックなお酢の話など、知って役立つ小ネタをまとめています。夏・秋版に収録した食材置き換え表、Q & A、スパイスの炒め具合写真集は、再掲するべきか悩みましたが、ここは夏・秋版と冬・春版、2 冊揃えていただくとより楽しめる (!) という方向性で本のクオリティを追求することといたしました！夏・秋版で好評 (?) だった私のエッセイも…。

　最後に、本書のレシピはカリ～もアチャールも実際にお店で提供したものがほとんどです。なのでどのレシピも、インド風かと思ったら私のオリジナル要素が加えてあったり、まるっきり創作であったりしています。レシピが創作ということは、そこにさらに皆さんの創作を加えることもできるということだと私は思います。本書は一つの野菜でカリ～とアチャールのレシピが一つずつしか載っていませんが、レシピの可能性は無限大で、一つのレシピからたくさんの創作レシピを生み出すことができます。ぜひ本書のレシピにとらわれることなく自由にカリ～とアチャールを作って、楽しんでいただきたいです。それでは本編にお進みください！

保存に使う容器について

　本書では野菜、カリ〜とアチャールの保存のために下記の物品が登場します。

■保存期間［短期(1〜3日程度)］
主に野菜の保存に使用します。

食品用ポリ袋(ポリ袋)│
乾燥に弱い野菜や一つ一つが小さい野菜、切った野菜をまとめて入れて冷蔵保存するのに便利です。

食品包装用ラップ(ラップ)　│
○野菜などの乾燥を防ぐ。○食材の切り口をピッタリ覆い、酸素に触れないようにすることで酸化や腐食しづらくする。○ボウルなどを覆い、異物の混入を防ぐ。といった様々な用途で使用します。

■保存期間［短期・長期］
食材、調理したカリ〜とアチャールいずれの保存にも使用できます。

食品保存容器(保存容器)│
気密性が高く頑丈で、同じ形状のものは重ねて省スペースで保存できます。繰り返し使用しているうちに変形したり破損したりして、気密性が失われていく点には注意が必要です。長期の保存に使用するときは、アルコール消毒や熱湯消毒をしましょう。熱に弱いものもあるので、耐熱温度もチェックしましょう。

チャック付き保存袋│
○空気を抜いて封をすれば中に入れたものを酸素から遮断できる。○均せばシート状になるので、例えば冷凍したカレーを重ね、最低限のスペースで保存できたりする。○ピクルスを漬けるときに使用すると最小限の漬け液で野菜全体を満遍なく漬けることができる。など様々な利点があります。チャックが完全に閉まっているかが見た目から分かりづらかったり、不意に小さな穴が開いたとしても分からないので、中身が漏れやすいことに注意しましょう。受け皿やボウルを用意すると安心です。

保存瓶│
透明度が高いので中の状態を確認しやすく、頑丈で気密性が高いので長期保存に向きます。使用する前に煮沸消毒をして中を乾かしておきます。保存瓶に限らず、容器の内側が水滴で濡れていると、中の料理が傷みやすくなるのでしっかり乾かしましょう。

　本書では随所でどれを使うか指定していますが、これは私が普段感じている利便性に基づいています。衛生的であれば本書の記載に関わらず、皆さんが使い慣れているものを使っていただいて大丈夫ですし、こういうライフハックのような話は、私より詳しい方もいっぱいいらっしゃることと思います。耳寄りな情報があればこっそり私にも教えてください。

野菜とレシピ　　　　　　　　　　　　　　　　　　もくじ

【カリフラワー】

旬|

11 ～ 3 月。

下ごしらえ|

①水で洗って小さい房に切り分けて使います。②小房が大きいときは、切った小房を逆さまに立て、包丁を真っすぐ入れて二等分すると切りやすいです。③茎は切り口の部分を厚めに切り落として、皮を剥くと芯の柔らかい部分が食べられます。

保存方法|

〇カリフラワーはコリコリした食感と穏やかな味、香りがウリです。乾燥に弱いので手に入ったらポリ袋などに入れて野菜室に入れましょう。2、3 日鮮度を保つことができます。〇下ごしらえをして房に切り分けておくと、鮮度は少し落ちやすくなりますが省スペースで保存でき、すぐ使えて便利です。〇下茹でをして冷水で冷まし、保存容器に入れれば冷蔵庫で 3 日程保存できます。

カリ〜雑学|

実はカリフラワーは、右ページで紹介しているようにピクルスにすることで生でも美味しく食べることができます。生食は食感や香りといった旬のカリフラワーの良さを最大限に味わえる食べ方の一つです。右のレシピのようにピクルスに粉末のスパイスを入れるのはちょっと意外かもしれませんが、実はこのレシピは日本のとある地域に伝わる、カレー粉を使うピクルスをインド風にアレンジしたものです。冬はカリフラワーで作るのが私好みですが、夏や秋口に厚めにスライスした白瓜 (ツケウリ) やグリーントマトで漬けるのが本場流です。カリフラワーをそのまま他の野菜に置き換えれば作れますので、ぜひ色々な季節でお試しください！

▽卵とカリフラワーのココナッツカリー

▽カリフラワーのカリーピクルス

カリ〜ビトのカリ〜＆アチャール辞典

うずらの卵とカリフラワーのコ コナッツカリ～

材料|

うずらのたまご水煮 1缶(正味約20粒)◎カリフラワー 200g程度◎玉ねぎ 1/2個 スライス◎ニンニク/生姜 5g/10g みじん切り◎グリーンチリ 1本小口切り◎トマト缶 100g◎ココナッツミルク 1缶(400cc)◎塩 小さじ1～◎サラダ油 大さじ2◎サラダ油 大さじ1

A. ターメリック小さじ2/3◎チリパウダー小さじ2/3◎コリアンダーパウダー小さじ1◎クミンパウダー小さじ1/2

B. ブラウンマスタードシード小さじ1/2◎カレーリーフ 8枚◎鷹の爪 1本

手順|

①フライパンにサラダ油大さじ2を入れて中火にかけ、玉ねぎを加えてきつね色になるまで炒める。②ニンニク/生姜とグリーンチリを加えて15秒炒め、トマト缶を加えて60秒炒める。③Aを加えて30秒炒め、ココナッツミルクを加えて沸かす。④うずらのたまごと下ごしらえを済ませたカリフラワーを加えて再度沸かし、8分煮る。⑤別で小さいフライパンを用意してサラダ油大さじ1を入れて弱めの中火にかけ、熱くなったらBを加えて10秒炒める。⑥"③"の鍋に加えてよく混ぜて60秒煮合わせ、塩を加えてよく混ぜて完成。

※辛いのが苦手な方へ。カリ～もアチャールも以下のようにして辛さ調整が可能です!

チリパウダー| パプリカパウダーと混ぜる。もしくは置き換える。

グリーンチリ| 使う量をかなり減らす。もしくはグリーンチリ1本につき、ピーマン1/4個スライス、またはししとう2本小口切りと置き換える。

カリフラワーのカリ～ピクルス

食べ頃| 漬けて2日目以降。

保存| 冷蔵庫で2週間程度。

材料|

カリフラワー 250g程度◎らっきょ酢 200cc

A. ターメリック小さじ1/4◎チリパウダー 小さじ1/3◎クミンパウダー小さじ1/4◎ガラムマサラ小さじ1/4◎カスリメティ 小さじ1◎オリーブオイル 大さじ1～2◎生姜 500円玉2枚分

手順|

①ボウルにらっきょ酢とAを入れてホイッパーなどで全体を均一に混ぜ合わせて漬け液を作る。②チャック付き保存袋にカリフラワーと"①"の漬け液を入れて、空気を抜いてチャックを閉め、冷蔵庫で寝かせる。

【キャベツ】

旬

11〜3月が旬の冬キャベツと4〜6月が旬の春キャベツがあります。

下ごしらえ

①丸ごとのものは芯を上に向けて置いて、真ん中で二等分します。片方はそのままラップで包んで冷蔵庫に入れます。
②料理に使う側は、先に芯を落とすと葉がバラけて切りづらいので、端から切って使い最後に芯を残すとよいでしょう。
※キャベツは、同じ大きさに切り揃えるのが難しいですが、火を通せばくたくたになってカットのばらつきは分からなくなります！

保存方法

○芯が付いている状態でラップで包めば、野菜室で1週間以上鮮度を保てます。
○切っていない冬キャベツは、新聞紙で包んで常温保存も可能です。外気温に近い場所であれば2週間以上鮮度を保てます。春キャベツの時期は気温も上がってくるので、野菜室で保存するのが良いでしょう。○2〜3日で使い切る場合、時間があるときに切ってポリ袋や保存容器に入れておくと便利です。

カリ〜雑学

キャベツについて書いていると、キャベジンが思い浮かんだのでちょっと調べてみました。キャベジンって商品名ではなくて、れっきとした一つの栄養素の名前だったんですね。胃を強くしてくれる栄養素で、それこそキャベツから見つかったのでこの名前になったそうです。現代ではそれが胃腸薬の名前にもなったのだそうで、大昔のキャベツは野菜ではなく、むしろ薬草としてキャベジンの薬効を得るために、人々に利用されていたようですよ。そんなキャベジンですが、熱に弱いので効率よく摂るためにはピクルスなど生食が良いとのこと。健康レシピの一つとして、本書のレシピもぜひお役立てください。

▽豚バラとキャベツの和出汁カリ〜

▽キャベツのピックル

豚バラとキャベツの和出汁カリ〜

材料 |

豚バラスライス　300g　4cm幅に切る
◎キャベツ　200g　3cm角切り◎玉ね
ぎ　1/2個　スライス◎ニンニク / 生姜
5g/10g　みじん切り◎トマト缶　50g
◎水　320cc◎昆布 (乾燥)　5g◎醤油
大さじ 2/3◎塩　小さじ 1/2 〜◎サラダ
油　大さじ 2

A. 鷹の爪　2本◎八角　1粒◎シナモン
3cm×1枚◎ベイリーフ　1枚

B. ターメリック　小さじ 1/2◎チリパ
ウダー　小さじ 1/3◎コリアンダーパウ
ダー　小さじ 2/3◎ブラックペッパーパ
ウダー　小さじ 1/6◎鰹節　6g

手順 |

①水 320cc に昆布 (乾燥) を浸けて一晩
冷蔵庫で寝かせ、昆布を取り出す。②フ
ライパンにサラダ油と A を入れて中火に
かけ、ベイリーフが茶色く色づいたら
玉ねぎを加えてきつね色に炒める。③ニ
ンニク / 生姜を加えて 10 秒炒め、トマ
ト缶を加えて 60 秒炒める。④ B を加え
て 10 秒炒め、豚バラ肉を加えて 90 秒
炒める。⑤ "①" の出汁を加えて沸かし、
キャベツを加えて再度沸かす。⑥火を弱
火にして 10 分煮て、醤油と塩を加えて
一煮立ちさせて完成。※お皿に盛りつけ
た後に、上に鰹節や刻みネギをかけるの
もいいですね！

キャベツのピックル

食べ頃 | 漬けて 1 日以上寝かせて。

保存 | 保存容器に入れて冷蔵庫で 7 日程
度。

材料 |

キャベツ　300g　細切りもしくはざく
切り◎塩　小さじ 1 と 1/3 〜◎穀物酢
70cc ◎コリアンダーシード　大さじ 1
と 1/2 ◎クミンシード　小さじ 2/3

※紫キャベツでも同じレシピで作れま
す。また、春は春キャベツを新玉ねぎや
カブと一緒に漬けるのもおすすめです。
色んな野菜の組み合わせをお楽しみくだ
さい！

手順 |

①キャベツに塩をして全体を混ぜて 5
分程おき、塩を馴染ませる。②コリアン
ダーシードとクミンシードをフライパン
に入れて弱めの中火にかけ、香ばしい香
りが立つまで 90 秒程乾煎りして、皿に
移して冷ます。③冷めたらコリアンダー
シードだけ指で軽くほぐす。④チャック
付き保存袋に "①" のキャベツと、"②"、
"③" のホールスパイス、穀物酢を入れ
て、空気をきっちり抜いてチャックを閉
め、冷蔵庫で寝かせる。※冬キャベツは
葉がみっちり詰まっていますが、反対に
春キャベツは葉の巻が緩く、同じ一玉で
も重さが全然違うため、本書では使用量
をグラム (g) で表記しています。

【小松菜】

旬｜

旬は 12 ～ 2 月ですが、一年中品質の良いものが出回ります。

下ごしらえ｜

①ボウルに水を張り、中で小松菜をゆすり洗いして汚れを落とす。②葉の付け根部分の内側にも汚れが溜まっていることが多いので、指でこすり洗いする。先に葉の付け根の部分を切り落とすと葉がばらけ、内側が洗いやすくなります。③水気を切って、レシピに応じて適当な長さに切ります。

保存方法｜

○スーパーで買えるものは大体袋に入っているので、そのまま野菜室に入れておけば 5 日程保存できます。○小松菜は湿気や高温に弱く、すぐに葉が傷んで黄色くなってしまうので、冬場以外は注意しましょう。○下ごしらえを済ませたものは、水気をよく切ってから保存容器やポリ袋に入れて野菜室に入れます。3 日程鮮度を保てます。

カリ～雑学｜

煮ても炒めても美味しい小松菜は、冷蔵庫に常備しておくと何かと便利ですよね。しかしその反面、常備→使い忘れでぎりぎりの状態のものが見つかることも…。しかもそういう時に限ってなぜか忙しいんですよね。というわけでここでは小松菜をパパっと調理できる番外編レシピを紹介します！それは小松菜 1 袋につき小さじ 1 のクミンシードを油でパチパチ炒め、そこに切った小松菜を加えてしんなり炒め、塩で味付けするというもの。インドやネパールではクミン炒めと呼ばれています。クミンシードと一緒にニンニクを 1 粒刻んで加えても。ご飯のおかずやおつまみに良いですし、お弁当の隅っこにも入れることができるお役立ちアイテムです！

▽小松菜ポークビンダルー ▽グリーンリーフピックル

カリ～ビトのカリ～＆アチャール辞典

小松菜ポークビンダル～

材料 |

豚肩ロース　400g　3cm角切り◎小松菜　150g　3cm幅に切る◎玉ねぎ　1/2個　スライス◎グリーンチリ　1本　小口切り◎トマト缶　50g◎塩　小さじ1〜◎水　300cc◎サラダ油　大さじ3

A. クローブ8粒◎メース 2g◎シナモン 4g◎鷹の爪 10本◎クミンシード 4g

B. ニンニク/生姜 10g/5g◎米酢 20cc◎黒糖 小さじ1

C. ターメリック　小さじ1/2◎パプリカパウダー 小さじ2/3◎コリアンダーパウダー 小さじ1と1/2◎ガラムマサラ 小さじ1/3

D. ベイリーフ1枚◎カルダモン5粒◎八角1粒◎ブラックカルダモン2粒

手順 |

①Aをフライパンで弱めの中火にかけて、香ばしい香りが立つまで2分程乾煎りし、火から下ろして冷ます。②冷めたら"①"を電動ミルでパウダーにして取り出し、続いてBをペーストにする。③"②"とC、豚肩ロースを混ぜ合わせて最低2時間マリネする。④鍋に油とDを入れて中火にかけ、ベイリーフが茶色く色づいたら玉ねぎを加えてきつね色に炒める。⑤グリーンチリを加えてさっと一混ぜして香りを立て、トマト缶を加えて60秒炒める。⑥"③"をマリネしたペーストも全て一緒に全て加えて4分炒める。⑦水を加えて沸かし、火を弱火にして25分煮て、小松菜を加えて混ぜながらもう一度沸かす。⑧混ぜながらさらに5分煮て、塩を加えてよく混ぜて完成。

グリーンリーフピックル

食べ頃 | 冷めたら食べれますが、一日寝かせても。

保存 | 保存容器に入れて冷蔵庫で5日程度。

材料 |

◎小松菜(または大根葉や蕪の葉。混ぜて使っても。)　2袋(400g〜)　1cm幅に切る◎マスタードオイル　130cc◎ターメリック　小さじ2/3

A. ブラウンマスタードシード　小さじ4◎鷹の爪　7本◎ニンニク　12粒◎塩 小さじ1〜◎穀物酢　大さじ3

手順 |

①Aの材料を全て電動ミルに入れてペーストにする。多少粗くても問題ありません。②フライパンにマスタードオイルを入れて中火にかけ、温まったら小松菜を加えて5分炒める。③ターメリックと塩を加えて混ぜながら30秒炒め、"①"を加えてさらに30秒炒める。④保存容器に移して粗熱を取り、冷蔵庫に入れる。

【大根（青首大根）】

旬

11〜2月。

下ごしらえ

①葉の付け根部分を切り落とし、たわしで全体を擦り洗いします。②料理に必要な量を端から切り、残りはラップで包んで野菜室へ。③使う部分は皮を薄く剥いて、料理に応じてカットします。

※大根葉は根本からきれいに洗って、前のページの小松菜と同じ要領で料理することができます。

保存方法

○冬季は葉を落として新聞紙で包み、風通しが良く外気温に近い場所で長期保存が可能です。時間とともに適度に水分が抜けて、大根の甘みが増していきます。○みずみずしさや食感を維持したい場合は、ラップに包んで野菜室で保存しましょう。○大根は高温多湿に弱いので、冬季以外は冷蔵庫で保存します。○下ごしらえ後は乾燥に弱くなり、また変色しやすくなります。全体をラップで覆うか、細かく切ったものは保存容器に入れて濡れたキッチンペーパーを被せておくと、3日程保存できます。

カリ〜雑学

大根と一口に言っても、国内だけで赤大根、二十日大根、桜島大根など様々な品種があり、その数は100を超えているそうです。また大根は日本だけでなく世界中で親しまれる野菜でもあるので、世界全体ではさらにたくさんの種類の大根が存在しているんですね。大根は品種ごとに適した調理法が決まっているものも多いのですが、日本で現在最も手に入りやすい青首大根は、カリ〜とアチャールどちらにも使えます。その他の品種に関しては、それぞれの品種の説明を参考に、煮物向きの大根はカリ〜に、漬物向きの大根はアチャールに使ってください。品種ごとに味も食感もかなり違ってきますので、地元の特産大根がある場合はぜひ利用してみてください！

▽サワラと大根の
　スリランカ風カリ〜

▽ネパール風
　大根アチャール

カリ〜ビトのカリ〜＆アチャール辞典

サワラと大根のスリランカ風カリー

材料|

サワラ　300g　食べやすい大きさに切る◎大根　150g　2cm角切り◎サラダ油（もしくはココナッツオイル）　大さじ2~◎穀物酢　10cc◎ココナッツミルク120cc◎ガラムマサラ　小さじ1/2

A. ローストツナパハ 小さじ1と1/2◎ターメリック 小さじ1/2◎チリパウダー小さじ1/2◎コリアンダーパウダー 小さじ1/2 ブラックペッパーパウダー 小さじ1/2

B. ニンニク/生姜　5g/5g　みじん切り◎シナモン　3cm×1枚

C. 玉ねぎ　1/2個　スライス◎トマト缶100g◎鰹節　5g

D. ランペ 10cm×1枚◎カレーリーフ10枚

E. 水 200cc◎塩 小さじ2/3～◎醤油小さじ1◎黒糖 小さじ1

手順|

①サワラをAで15分マリネする。②厚手の鍋にサラダ油、B、C、D、大根の順番に重ねて入れる。③一番上に"①"のサワラをきれいに並べ、穀物酢を回し入れる。④弱めの中火にかけ、トマト缶や玉ねぎから出てきた水分が沸騰したらEを加えて再度沸かす。⑤フタをして10分煮て、フタを外して全体が均一になるようにそっと混ぜる。⑥ココナッツミルクを加え、軽く全体を混ぜて沸かし、ガラムマサラを加えてもう一度全体を軽く混ぜて完成。

ネパール風大根アチャール

食べ頃| 冷蔵庫で2日寝かせて。

保存| 保存容器に入れて冷蔵庫で1週間程度。

材料|

大根　300g　5×5mm太さの拍子木切り◎マスタードオイル　大さじ3◎ターメリック　小さじ1/2◎チリパウダー　小さじ2/3◎ティムルパウダー（もしくは山椒粉）　小さじ2/3◎塩　小さじ1と1/2◎レモン果汁　大さじ1◎すりごま大さじ3◎ヨーグルト　大さじ2◎サラダ油　大さじ1/2◎フェヌグリークシード　小さじ1

手順|

①サラダ油とフェヌグリークシード以外の材料を、全てボウルに入れ均一になるまで混ぜる。②小さめのフライパンにサラダ油を入れて中火にかけ、熱くなったらフェヌグリークシードを入れて深めのきつね色から真っ黒になるまで炒め、"①"に加えてよく混ぜる。③保存容器に入れて冷蔵庫で寝かせる。

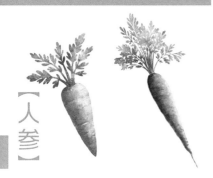

【人参】

旬 |

西洋人参と東洋人参で異なり、西洋人参は 10 ～ 12 月、東洋人参は 12 ～ 2 月が旬です。

下ごしらえ |

①土付きのものは、皮をたわしで擦り洗いして土を洗い流し水気を切ります。土付きでないものは水で軽くゆすいで水気を切ります。②ピーラーで薄く皮を向いて、レシピに応じてカットしましょう。

保存方法 |

○土付きの状態であれば、新聞紙で包んで風通しの良い場所で 1 ヶ月程度保存ができます。○土を洗い流したものは、ポリ袋に入れるかラップで包んで野菜室へ。2 週間程鮮度が保てます。乾燥すると萎んで黒ずんでくるので、必ず何かで覆うようにしましょう。○細かく切ったものは保存容器に入れ、濡れたキッチンペーパーを被せて冷蔵庫へ。2 ～ 3 日を目安に使い切るのが良いでしょう。

カリ～雑学 |

インドでローカルな野菜市場に行くと金時人参そっくりな人参を見つけることができます。なんでインドに金時人参が、と日本人的には思うところですが、実はこれが東洋人参です。金時人参は東洋人参の一品種ですが、インドでは西洋人参だけでなく東洋人参も出回っているようです。金時人参というとお煮しめしか思い浮かばないので、スパイスカレーと言われると少し違和感があるかもしれませんが、インドでは普通にカレーの具になっているんですね。東洋種は西洋種に比べて煮崩れしづらく、甘みが強く香りが穏やかなので、実は西洋種よりもスパイスに馴染みやすかったりします。本書のレシピはどちらの人参でも作れますが、東洋人参を見かけたらぜひ東洋人参で！意外な美味しさにハマると思いますよ！

◁パキスタン風人参入りマトンカリー

◁人参のアチャール

パキスタン風人参入りマトンカリ〜

材料 |

骨付きマトン 600g ◎人参 200g 1cm
厚さのイチョウ切り◎玉ねぎ 1/2 個
スライス◎ニンニク 6 粒 みじん切り
◎グリーンチリ 1〜3 本 小口切り◎
トマト缶 50g◎水 500cc◎塩 小さ
じ 2/3~ ◎カスリメティ 大さじ 1◎サ
ラダ油 大さじ 2

A. ベイリーフ 1 枚◎シナモン 3cm
× 1 枚◎カルダモン 5 粒◎クローブ
5 粒◎ブラックカルダモン 2 粒

B. ターメリック 小さじ 2/3◎チリパ
ウダー 小さじ 1◎コリアンダーパウ
ダー 小さじ 2/3◎クミンパウダー 小
さじ 1/2◎ガラムマサラ 小さじ 1/2

手順 |

①鍋に油を入れて中火にかけ、玉ねぎを
加えてきつね色に炒める。②骨付きマト
ンを加えて 60 秒炒める。このレシピで
は肉の表面が色づかなくても大丈夫で
す。③ニンニクとグリーンチリを加えて
30 秒炒め、A を加えてさらに 30 秒炒め
る。④ B を加えて 30 秒炒め、トマト缶
を加えてさらに 30 秒炒める。⑤水を加
えて沸かし、フタをして弱火にして 75
分煮る。その間に人参を沸騰したお湯で
4 分下茹でする。⑦フタを外して下茹で
した人参を加え、弱火のまま 6 分煮合わ
せ、塩とカスリメティを加えてよく混ぜ

て完成。※人参をカブで置き換えても美
味しいです。その場合は下茹でを 2 分半
にしてください。

人参のアチャール

食べ頃 | 冷蔵庫で一晩寝かせて。

保存 | 保存容器に入れて冷蔵庫で 5 日程
度。

材料 |

人参 300g 粗みじん切り◎サラダ油
100cc◎ブラウンマスタードシード 小
さじ 1

A. ヒング 小さじ 1/6◎ニンニク 3 粒
粗みじん切り◎グリーンチリ 1〜3 本
縦に半分に割る

B. ターメリック 小さじ 1/2◎チリパ
ウダー 小さじ 1◎クミンパウダー 小
さじ 1/2

C. リンゴ酢 60cc◎粒マスタード 大
さじ 1◎塩 小さじ 1〜

手順 |

①フライパンにサラダ油とブラウンマス
タードシードを入れて弱めの中火にか
け、ブラウンマスタードシードが弾ける
まで熱する。② A を加えて 15 秒炒める。
③火を中火にして人参を加えて 2 分炒
め、B を加えて 15 秒炒める。④ C を加
えて火を止めてよく混ぜ、保存容器に移
して粗熱を取り冷蔵庫で寝かせる。

【ネギ（長ネギ）】

旬|

12〜2月。

下ごしらえ|

①畑から収穫してきたものは、一番外側のささくれ立った薄い皮を手で剥いて取り除きます。②先の青くなっている部分を付け根から切り落とします。③ひげ状の根を、根が生えている付け根部分から切り落とします。③さっと水洗いし、料理に応じて好みの形に切って使いましょう。

保存方法|

〇冬季は何本かまとめて新聞紙に包み、風通しが良く外気温に近い場所に立てて置いておくと1ヶ月以上保存できます。表面が乾燥しますが、ささくれだった外側の薄い皮を1、2枚めくれば内側はみずみずしいままです。〇下ごしらえを済ましたものは、ポリ袋に入れ野菜室で1週間以上保存できます。〇みじん切りなど細かく切ったネギは、冷蔵保存では傷みやすく、冷凍保存では香りが失われやすいです。保存容器に入れて冷蔵で2日、冷凍で2週間を目安に使い切りましょう。冷凍したネギは解凍せず、凍ったままスープに入れるなどして使いましょう。

カリ〜雑学|

実は中央アジアや中国西部が原産とのこと。中央アジアのとある地域では生の長ネギをかじる習慣があったという話を以前聞いたことがあり、そのときは驚きましたが…そういえば私たちも日常的に生のネギを刻んで薬味として食べますね。ネギは殺菌作用が強いことから、喉の痛みに効くと日本でも言われていますが、中央アジアでもそうなのでしょう。特にあちらは乾燥が激しい気候ですから、風邪の予防に長ネギが重宝されてきたと想像します。その土地の人達に必要なものが、その土地にもともと生えているというのは面白いことだなとふと思ったお話でした。

▽フグと長ねぎのラッサム ▽焼きネギのアチャール

フグと長ねぎのラッサム

材料｜水 350 cc◎タマリンドペースト 大さじ 4 〜 6◎ココナッツミルク 60 cc ◎カレーリーフ 8 枚◎サラダ油大さじ 3

A. クミンシード 小さじ 1◎ブラックペッパー (粒) 小さじ 1

B. ニンニク 2 粒 潰す◎トマト缶 50g◎グリーンチリ 1 本 縦に半分に割る

C. ターメリック 小さじ 1/2◎チリパウダー 小さじ 1/2◎塩 小さじ 1 〜

D. フグ (剥きフグ) 300g ぶつ切り◎長ネギ 150g 3 ㎝長さに切る◎刻みパクチー ひと掴み

E. 鷹の爪 2 本◎ブラウンマスタードシード 小さじ 1

手順｜①タマリンドペーストをボウルに入れ、ホイッパーやフォークで混ぜながら水 350 ㏄を加える。②A を石臼で搗いたり、ポリ袋に入れて綿棒で叩いたりして粗挽きにし、"①"と B と一緒に鍋に入れて中火にかけて沸かす。③C を加えて混ぜてフタをして弱火にし、10 分煮る。④フタを外して D を加えて再度沸かし、5 分煮てココナッツミルクを加えてよく混ぜる。⑤フライパンにサラダ油と E を入れ、弱めの中火にかける。⑥ブラウンマスタードシードが弾けるまで熱し、カレーリーフを加えて火を止め、さっと一混ぜして"④"の鍋に加え、混ぜながら一煮立ちさせて完成。※ネギは先に、油を引いていないフライパンで表面に焼き目を付けるとより美味しいです！※ p.52 に季節ごとのアレンジレシピを紹介しています！

焼きネギのアチャール

食べ頃｜冷蔵庫に入れて一晩寝かせて。

保存｜冷蔵庫で 4 日程度。

材料｜長ネギ 2 本 (300g 程度) 3 ㎝長さに切る◎豆板醤 大さじ 2/3◎ニンニク / 生姜 5g/5g みじん切り◎穀物酢 大さじ 3◎サラダ油 大さじ 4◎ゴマ油 大さじ 1 と 1/3

A. 鷹の爪 3 本◎クミンシード、フェンネルシード、フェヌグリークシード 小さじ 1/3 ずつ

B. ターメリック 小さじ 1/3◎パプリカパウダー 小さじ 2/3◎粉山椒 小さじ 2/3◎ホワイトペッパーパウダー 小さじ 1/8◎白すりごま 大さじ 1/2◎塩 小さじ 1 〜

手順｜①油を引かずにフライパンを弱めの中火にかけ、長ネギを入れて表面に焼き目を付ける。②長ネギを引き上げ、サラダ油とごま油を引く。油が軽く温まったら A を加え、香りを立たせる。③豆板醤を加えて 10 秒炒め、ニンニク / 生姜を加えてさらに 15 秒炒める。④B を加えて 15 秒炒め、穀物酢を加えて沸かす。⑤"①"の長ネギを加えてフタをして弱火にし、3 分蒸らしたら保存容器に移し、粗熱を取って冷蔵庫で寝かせる。

【白菜】

旬 |

11 〜 2 月。

下ごしらえ |

①スーパーの白菜は外葉は剥いてあることが多いので、軽く水洗いして水気を切ればすぐに料理できます。②畑で収穫したものは葉と葉の間に土やホコリ、アブラムシなどが付いているので、下ごしらえは入念に。まず外葉を剥いて、使う部分は葉と葉の間の付け根まで洗い、水気を切ります。葉の先が外側を向いていて、カサカサして芯が分厚いものが外葉です。④葉の付け根の硬い部分は切って、レシピに応じてカットします。根元の硬い芯の部分を最後に残すように切ると切りやすいです。

保存方法 |

〇新聞紙で包んで、風通しが良く外気温に近い場所で 1 ヶ月程保存ができます。〇 1/4 玉サイズなどにカットしたものは、芯を付けたままラップで包んで野菜室へ。1 週間程鮮度を保つことができます。〇小さくカットしたものはポリ袋に入れて野菜室へ。3 日程保ちますが切り口が傷みやすいのでご注意ください。

カリ〜雑学 |

白菜とカレーはあまり接点がなさそうに感じるかもしれませんが、実はそんなことはなくむしろ相性◎と言い切ってしまいたいところです。本書のレシピ以外では、家庭的なルーカレーやカレー鍋の具とするのがおすすめです。煮込んでとろとろになった白菜と、ルーとお肉の組み合わせは想像するだけで美味しいです。いつも通りライスで食べてもよいですが、うどんやそばにかけて食べると雰囲気も変わって美味しさが 3 割増しに。その場合はガラムマサラ…ではなく七味もお忘れなく。後、あまり大きな声では言えませんが、カップラーメンのカレー味にさっと湯でた白菜を加えるのもアリです。この場合は白菜の食感が残るので、煮込んだ白菜とはまた違った味わいに！白菜×カレーでこんなにも楽しめる、全てはアイデア次第〜！

▽とろとろ白菜キーマカリ〜 ▽辣白菜

カリ〜ビトのカリ〜＆アチャール辞典

とろとろ白菜キーマカリ～

材料 |

鶏挽き肉 (お好きな部位で)　350g ◎
白菜　150g　ざく切り◎ヒング 小さじ
1/8 ◎玉ねぎ 1/2 個 スライス◎グリーン
チリ　1 本　小口切り◎ニンニク / 生姜
5g/8g みじん切り◎トマト缶　100g ◎
水　280cc◎塩　小さじ2/3～◎生姜(仕
上げ用)　5g　みじん切り

A. ベイリーフ 1 枚◎ブラウンマスター
ドシード 小さじ 2/3 ◎鷹の爪 2 本

B. ターメリック 小さじ 2/3 ◎チリパウ
ダー 小さじ 1/4 ◎コリアンダーパウダー
小さじ 1 と 1/2 ◎クミンパウダー 小さ
じ 2/3 ◎ブラックペッパーパウダー 小
さじ 1/8 ◎ホワイトペッパーパウダー
小さじ 1/8

手順 |

①鍋に油と A を入れて中火にかけて、
ブラウンマスタードシードがパチパチと
弾けるまで熱する。②ヒングと玉ねぎを
加えて、玉ねぎがきつね色になるまで炒
める。③グリーンチリとニンニク / 生姜
を加えて 15 秒炒め、トマト缶を加えて
90 秒炒める。④鶏挽き肉を加えて完全
に火が入るまで炒め、B を加えて 30 秒
炒める。⑤水を加えて沸かし、白菜を加
えて再度沸かしてフタをして、火を弱火
にして 15 分煮込む。⑥フタを外して生
姜 (仕上げ用) と塩を加えてよく混ぜて
完成。

辣白菜 (ラーパイツァイ)

食べ頃 | 冷蔵庫で一晩寝かせて。

保存 | 保存容器に入れて冷蔵庫で 5 日程
度。

材料 |

白菜　300g 程度　5 ㎜厚さに細切り◎
塩　小さじ 1 ◎砂糖　小さじ 1/2 ◎サラ
ダ油　大さじ 1 ◎鷹の爪輪切り　大さじ
1 ◎山椒粒 (花椒)　大さじ 1 ◎穀物酢
大さじ 1 と 1/2

手順 |

①白菜に塩と砂糖をまぶしてよく混ぜ
て 15 分置き、白菜をしっかり揉んで水
気が出てきたら切って捨てる。②サラダ
油と鷹の爪、山椒粒 (花椒) を小さめの
フライパンに入れて弱火にかけ、鷹の
爪輪切りが茶色く色づくまでゆっくり
加熱し、"①"の白菜にかける。③"①"
の白菜に穀物酢を加えて全体を混ぜ、
チャック付き保存袋に入れる。④しっか
り空気を抜いてチャックを閉め、冷蔵庫
で寝かせる。

【ビーツ】

旬

初夏の6〜7月、11〜12月と年に2回旬があります。

下ごしらえ

ビーツは日本ではまだ馴染みの薄い野菜ですが、下ごしらえの要領は蕪と同じです。ただ、蕪よりも硬く皮が剥きづらいので作業するスペースを広くとって、ゆっくり作業しましょう。

①水洗いをして、葉付きのものは葉の付け根から上5mmくらいのところで切り落とします。葉は水で洗って汚れを落とし、刻んで料理に使えます。②ビーツ本体の葉の付け根部分は硬いので、その部分だけ薄く切り落とし、皮を剥きます。③料理に応じてカットします。

保存方法

◯冬季は一つずつ新聞紙で包んで、風通しが良く外気温に近い場所に置いておけば、2週間以上常温保存できます。◯暖かい場所では葉が育ち、少しずつ本体が萎みます。暖房が効いた室内や冬季以外は、ラップで包むかポリ袋に入れて冷蔵庫で保存します。◯葉は水で洗って水気を切り、刻まずにラップで包んで野菜室に入れれば1週間程保存ができます。◯下ごしらえをしてカットしたビーツは、保存容器に入れて冷蔵庫で5日程保存ができます。

カリ〜雑学

白菜に続いて意外かもしれませんが、ビーツもスパイスととても相性が良い野菜です。インドやスリランカでもスパイスと一緒に煮たり炒めたりして食べる地域があります。栄養価はとても豊富で、保存もしやすいので、見つけたときに少し買っておくと日々の食卓の彩りとなってくれます。本書のレシピ通りでなく、切ってそのまま酢に漬けておくだけでも一冬持ちますよ！甘くて味が濃い野菜なので、それだけでも美味しく食べることができます。頻度よく少しずつ食べれば健康維持に大きく貢献してくれる野菜なので、見かけたらぜひお試しを〜！

▽ビーツ＆ダルフライ

▽ビーツとドライレーズンのアチャール

カリ〜ビトのカリ〜＆アチャール辞典

ビーツ&ダルフライ

材料 |

マスールダル　1カップ◎水　440cc
◎ビーツ　200g程度　5×5㎜太さの
拍子木切り◎トマト缶　大さじ3◎水
200cc◎塩　小さじ2/3〜◎サラダ油
大さじ1◎鷹の爪　2本◎クミンシード
小さじ1◎刻みパクチー　ひと掴み

A. 玉ねぎ　1/4個　スライス◎ニンニク
2粒　みじん切り◎グリーンチリ　1本
小口切り

B. ターメリック　小さじ1/2◎チリパ
ウダー　小さじ1/2◎コリアンダーパウ
ダー　小さじ1/2◎ブラックペッパーパ
ウダー　小さじ1/6◎クミンパウダー
小さじ1/4

手順 |

①マスールダルを鍋に入れて水で2回
ゆすぎ、水440ccを入れて中火にかけ
て沸かす。②火を弱火にして12分茹で、
ザルでお湯を切る。③フライパンにサラ
ダ油と鷹の爪を入れて中火にかけ、香ば
しい香りが立ったらクミンシードを加え
て10秒炒める。④Aを加えて60秒炒
める。⑤ビーツを加えて30秒炒め、B
を加えてさらに10秒炒める。⑥トマト
缶を加えて10秒炒め、水200ccを加え
て沸かし、火を弱火にして混ぜながら3
分煮る。⑦"②"を加えて混ぜながら沸
かし、好みの濃度に煮詰めて塩と刻みパ
クチーを加えて完成。※ビーツの葉を刻
んで"⑤"で一緒に加えることもできま
す！

ビーツとドライレーズンの
アチャール

食べ頃 | 冷蔵庫で2日寝かせて。

保存 | 冷蔵庫で1週間程度。

材料 |

ビーツ　400g程度　しりしり◎ドライ
レーズン　50g◎ドライデーツ　50g(種
を取り除いた状態で)◎ニンニク　3粒
粗みじん切り◎グリーンチリ　1〜3本
小口切り◎ブラックペッパーパウダー
小さじ1/4◎チリパウダー　大さじ1/2
◎穀物酢　100cc◎レモン果汁　10cc
◎塩　小さじ1と1/2◎砂糖　小さじ2
◎カレーリーフ　10枚◎サラダ油　大
さじ2

手順 |

① 1/3の量のビーツを、半分量のドライ
レーズン、半分量のデーツ、半分量の穀
物酢と一緒にフードプロセッサーでペー
ストにする。②残りのレーズンとデーツ
は三等分に切る。③全てをボウルに入
れてよく混ぜ、20分置いて馴染ませる。
④もう一度全体をよく混ぜ、保存容器に
移して上にラップを被せてフタをし、冷
蔵庫で寝かせる。

【ほうれん草 ・ちぢみほうれん草】

旬 |

ほうれん草は 11 〜 3 月、ちぢみほうれん草は少し短く 12 〜 2 月が旬です。

下ごしらえ |

①ほうれん草は土や埃がついているので大きめのボウルに水を張り、中でしっかりゆすり洗いします。水が濁る場合は一度取り替えます。②根は細かい砂が詰まって取りづらいのと、料理にもあまり使わないので、ボウルの中でハサミで切りましょう。そのままボウルの中で、葉の付け根部分を指でこすり洗いします。③葉をボウルから引き上げ、沸騰したお湯に入れて再度沸かし、20 秒茹でます。④お湯から引き上げ、冷水で冷まし、水気を絞って使いやすい長さに切ります。

保存方法 |

〇下ごしらえ前は萎びやすいので、必ず保存容器やポリ袋に入れて野菜室にそっとしまいましょう。3 〜 4 日程鮮度を保てます。〇下ごしらえしたものは保存容器に入れて、冷蔵庫で 3 日程、冷凍で 2 週間程保存ができます。

カリ〜雑学 |

日本ではほうれん草を調理する時には一度茹でてアク抜きをしますね。これはほうれん草が強いアクを持っているからで、茹でることによってアクが抜け、美味しく食べられるようになります。一方で、インドのほうれん草チキンカリ〜の作り方を動画で見ていると、ざく切りにしたほうれん草を生のまま鍋に入れたりしているのですが、これだとカリ〜の中にアクが溶け出してしまいそうですね。実はこれ、ほうれん草には東洋種と西洋種の違いがあり、私たちが普段食べているものは西洋種でアクが強く、インドのほうれん草は東洋種でアクが弱いので、生のまま加えて煮込んでも大丈夫なのだそうです。ちなみにちぢみほうれん草はアクが控え目で、インドのほうれん草っぽく使うことができます。アチャールは特に両者の差が感じられると思うので、ちぢみほうれん草が手に入ったら食べ比べしてみてください！

▽黒ビールほうれん草 ビーフカリ〜

▽ほうれん草のアヒージョ風アチャール

黒ビールほうれん草ビーフカリ〜

材料 | ほうれん草　1袋　下ごしらえをして3cm長さに切る◎玉ねぎ　1個　粗みじん切り◎にんにく/生姜　8g/8g　みじん切り◎トマト缶　200g◎水160cc◎塩　小1〜◎サラダ油　大1/2◎マスタードオイル　大さじ2

A. 牛バラ肉　400g　4cm角切り◎黒ビール　350cc(1缶)◎塩　小さじ1/8

B. ベイリーフ　1枚◎シナモン　3cm×1枚

C. コリアンダーシード　小さじ1◎ブラックペッパー(粒)　小さじ1

D. ターメリック　小さじ1/2◎チリパウダー　小さじ2◎クローブパウダー　小さじ1/3◎クミンパウダー　小さじ1

E. ガラムマサラ　小1◎ブラックペッパーパウダー　小さじ1/3

手順 | ①ボウルにAを合わせて、よく混ぜ1時間漬け、肉と漬け汁を分けておく。②フライパンにサラダ油を引き、"①"の牛肉に焼き目を付け取り出す。③同じフライパンにマスタードオイルとBを入れ中火にかけ、ベイリーフが軽く色づいたらCを加えて10秒炒める。④ニンニク/生姜を加えて10秒炒め、玉ねぎを加えてきつね色に炒める。⑤トマト缶を加えて沸かし、60秒炒めてDを加え、さらに30秒炒める。⑥"①"の漬け汁、水、"②"の牛肉、塩を加えて強火で沸かし、フタをして弱火にして60分煮込む。⑦フタを外してEとほうれん草を加え、混ぜながら沸かして5分煮て、塩味を整えて完成。

ほうれん草とベーコンのアヒージョ風アチャール

食べ頃 | できたてを温かいうちに。

保存 | 冷めたら保存容器に移して冷蔵庫で4日程度保存できます。温め直してお召し上がりください。

材料 | ほうれん草　150g　下ごしらえをして3cm長さに切る◎ベーコン　100g　1cm幅に切る◎プチトマト　10個　縦に二つ割り◎クミンシード　小さじ1/4◎白ワインビネガー　大さじ1と2/3

A. オリーブオイル　50cc◎サラダ油　50cc◎ニンニク　2粒　潰す◎生姜　4g　粗みじん切り◎鷹の爪　2本

B. ターメリック　小さじ1/2◎ブラックペッパーパウダー　小さじ1/8◎塩　小さじ2/3〜

手順 | ①フライパンにAを入れて中火にかけ、ニンニクがきつね色になるまで熱する。②クミンシードを加えて10秒炒め、ベーコンを加えて表面が軽く色づくまで炒める。③Bを加えて10秒混ぜながら炒め、ほうれん草とプチトマトを加えて90秒炒める。④白ワインビネガーを加えて火を止め、よく混ぜて完成。

【芽キャベツ】

旬

12〜3月。

下ごしらえ

①水でさっと洗って水気を切ります。②下の切り口から上5㎜程を切り落とします。数枚外葉が一緒に落ちますが、状態がきれいでない場合も多いので無理に料理に使う必要はありません。③料理に応じて、丸ごとか縦に二等分します。

保存方法

〇小さい野菜で乾燥しやすいので、買ってきたら袋のまま、畑から収穫してきたものは新聞紙で包んで野菜室に入れましょう。1週間程鮮度を保てます。〇下ごしらえしたものは、濡らしたキッチンペーパーで包んだうえでポリ袋や保存容器に入れて野菜室で冷蔵か、チャック付き保存袋に入れて冷凍保存もできます。冷蔵では3日、冷凍では10日を目安に食べ切ると良いでしょう。カリ〜では冷凍したものは解凍せず、手順"⑤"の最後2分(手順"④"ではなく)で加えます。アチャールでは事前に解凍し、同じ手順で調理してください。

カリ〜雑学

カリ〜ではなくキャベツの雑学ですが、実は芽キャベツはキャベツではなかったということを皆さんご存じでしたでしょうか。芽キャベツという名前からして、キャベツを小さいうちに収穫したものかと思ってしまいますが、実は野菜としては(親戚ではありますが)別物だったのです。ちなみに芽キャベツは小さいながら、キャベツと比べてかなり多くの栄養素を含んでおり、例えばβ-カロテンは同じ量ならキャベツよりも芽キャベツの方がなんと14倍も多いそうです。まさに栄養の塊なのですが、旬が短く日本では流通量も多くないので、手に入ったら大事に味わいたい野菜です。ちなみに、キャベジンは芽キャベツにもたくさん含まれているそうですよ!

▽芽キャベツの　豆乳チキンカリ〜

▽サクラエビと芽キャベツのアチャール

カリ〜ビトのカリ〜&アチャール辞典

芽キャベツの豆乳チキンカリ～

材料|

鶏モモ肉　400g　一口大に切る◎芽キャベツ　8個　縦に二等分◎カリフラワーなどの冬野菜　150g　食べやすい大きさに切る◎トマト缶　80g◎豆乳200cc◎水　150cc◎塩　小さじ2/3～◎ブラウンマスタードシード　小さじ2/3◎サラダ油　大さじ3

A. シナモン　3cm×1枚◎ベイリーフ1枚◎カルダモン　5粒

B. 玉ねぎ　1/4個　スライス◎ニンニク/生姜　5g/8g　みじん切り◎カレーリーフ　8枚

C. ターメリック　小さじ2/3◎チリパウダー　小さじ1/2◎コリアンダーパウダー　小さじ1と2/3◎クミンパウダー　小さじ2/3◎ガラムマサラ　小さじ1/2◎ブラックペッパーパウダー　小さじ1/8

手順| ①鍋にサラダ油とAを入れて中火にかけ、シナモンから香りが立ったらブラウンマスタードシードを加えて10秒炒める。②Bを加えて60秒炒め、トマト缶を加えて30秒炒める。③Cを加えて30秒炒め、鶏肉を加えて60秒炒める。④豆乳と水を加えて沸かし、芽キャベツと冬野菜を加えて再度沸かす。⑤火を弱火にして10分煮て、塩を加えてよく混ぜて完成。

サクラエビと芽キャベツのアチャール

食べ頃| 冷めたら食べれますが、一番美味しいのは翌日です！

保存| 冷蔵庫で3日程度。

材料| 芽キャベツ　10個　縦に二等分◎サクラエビ　20g◎ブラウンマスタードシード　小さじ1◎カレーリーフ10枚◎ニンニク/生姜　5g/5g　みじん切り◎サラダ油　60cc

A. ターメリック　小さじ1/2◎チリパウダー　小さじ2/3◎コリアンダーパウダー　小さじ1/2◎ガラムマサラ　小さじ1/3◎ブラックペッパーパウダー　小さじ1/8

B. 砂糖　小さじ1◎ココナッツファイン　大さじ1◎塩　小さじ2/3～◎白ワインビネガー　大さじ3

手順| ①フライパンに半分の量の油を入れて弱めの中火にかけ、温まったら芽キャベツを入れて両面に焼き色を付け、フライパンから引き上げる。②残りの油とブラウンマスタードシードを加えて弾けるまで熱し、カレーリーフとニンニク/生姜を加えて10秒炒める。③ "①" とサクラエビを加えて10秒炒め、Aを加えてさらに10秒炒める。④Bを加えて混ぜながら沸かし、フタをして火を止めて3分蒸らし、保存容器に移して粗熱を取る。

【カブ】

旬|

3〜5月と11〜1月の年に2回旬があります。

下ごしらえ|

①全体を水でさっと洗い、葉の付け根の部分を切り落とします。②皮を剥いて、レシピに応じてカットして使います。③葉は根本から切り落として、水でゆすいで水気を切って、使う場合は適当な長さにカットします。

保存方法|

○葉は水洗いをして水気を切って刻み、右ページのカリ〜に加えるのがおすすめです。葉は傷みやすいので、なるべく早く使い切りましょう。○蕪の本体は一つずつラップで包んで冷蔵庫に入れましょう。1週間程保存ができます。○切った蕪は切り口が変色しやすいです。一度に使い切らないときは、使う量だけ切り分け、残りは切り口をぴっちりとラップで覆って冷蔵庫にしまうとよいです。

カリ〜雑学|

日本では80以上の品種のカブがあるそうで、それぞれ煮たり漬けたりしていろいろな料理に用いられています。本書では、白色のカブはカリ〜、アチャール、どちらでも美味しくなりますが、紫色や紅色のカブのように漬物に向くものはやはりアチャールにするのがおすすめです。黄金カブのように、焼いて美味しいタイプのカブは、一度油で焼いた後にカリ〜の煮込みに加えても良いでしょう。ところで、この本を書いていると日本野菜と思っていた野菜が実は全然日本のものじゃなかったという驚きによく遭遇します。実はカブもそんな野菜の一つで、アフガニスタン辺りが原産のようです。日本生まれ日本育ちとしては、カブとスパイスの組み合わせは想像つきづらかったりしますが、カブのルーツを知るとむしろ美味しそうと思えてくるから不思議なものです。

▽蕪とマトンのムスリム風スープカリ〜

▽蕪のトルシー（中東風ピクルス）

カブとマトンのムスリム風スープカリ〜

材料|

骨付きカットマトン　600g ◎ カブ 200g 程度　皮を剥いて一口大に切る ◎ 玉ねぎ　1/4 個　スライス ◎ 水　600cc ◎ 塩　小さじ 1 〜 ◎ 油　大さじ 4

A. ターメリック　小さじ 1/2 ◎ クミンパウダー　小さじ 1/2 ◎ ガラムマサラ　小さじ 1/2

B. カルダモン　5 粒 ◎ クローブ　5 粒 ◎ ベイリーフ　1 枚 ◎ ニンニク　1/4 房　付け根の硬い部分だけ切り落として皮はそのまま

トッピング. 刻みパクチー　ひと掴み ◎ 千切り生姜　500 円玉 3 枚分

手順|

①厚手の鍋に油を引いて中火にかけ、玉ねぎを入れて深めのきつね色に炒める。②骨付きマトンを加えて 60 秒炒める。③ A を加えて 30 秒炒め、水を加えて沸かす。④ B を加えてフタをして弱火にして 70 分煮る。⑤フタを外してカブを加えて再度沸かし、もう一度フタをしてさらに 7 分煮る。⑥フタを外して塩を加えてよく混ぜて、器に盛ってトッピングをして完成。

カブのトルシー（中東風ピクルス）

食べ頃| 冷蔵庫に入れて 2 〜 3 日後。

保存| 冷蔵庫で 1 ヶ月程度（漬けたてのしゃきっと感は徐々になくなっていきます）。

材料|

カブ　300 〜 350g 程度　皮を剥いて食べやすい大きさに切る（くし切り、拍子木切りなどお好きな形で）◎ 穀物酢 80cc ◎ 水　40cc ◎ 塩　小さじ 1 と 1/2 ◎ ニンニク　1 粒　皮だけ剥く ◎ ブラックペッパー（粒）　8 粒 ◎ キャラウェイシード　小さじ 1/3

手順|

①穀物酢と塩をボウルに入れて、完全に塩が溶けるまで混ぜる。②チャック付き保存袋に"①"と全ての材料を入れて、できるだけ空気を抜いてチャックを閉め、冷蔵庫で寝かせる。

※ニンジンやビーツなど色つきの野菜を混ぜると、色もきれいになって美味しいです。

※揚げ物やバーベキューのお供に！

【クレソン】

旬 |

一年中手に入るイメージですが、実は3〜5月が旬です。

下ごしらえ |

①ボウルに水を張って、さっと振り洗いして水気を切ります。②キッチンペーパーで軽く水を拭き取り、好みの長さに切って使いましょう。

保存方法 |

○スーパーで買えるものは、そのまま野菜室に入れましょう。3日程保存ができます。あまり日持ちしないので、色がきれいで香りが良いうちにいただきましょう。○根が付いているものは、湿らせたキッチンペーパーを巻けば鮮度が長持ちします。○切ったものは保存容器に入れて、湿らせたキッチンペーパーを被せて野菜室に入れましょう。もともとの状態によりますが2日程持ちます。

野生のクレソンのお話 |

春先には山菜みたいな感じで、地域によっては道の駅などで野生のクレソンを入手することができます。この野生のクレソンはスーパーで年中出回っているものよりも大ぶりで味も香りも強いのが特徴です。存在感が5割増しなのでサラダ、フリットやパスタの具材、スープ類の香り付けなど、年中出回っている栽培のクレソンよりもかなり幅広い料理に使いたくなります。しかしこの野生のクレソン、ドクセリという似た外見の毒草があることから、それっぽいものを野山や川べりで見つけたからといって採って食べるのは危険です。専門的な知識と経験がない場合は、お店に並んでいるものを活用するようにしましょう。

◁牛すじカリー（クレソントッピング）

◁クレソンと伊予柑のアチャール

牛すじカリ～（クレソントッピング）

材料｜

牛筋　300g ◎ 水　300 cc × 2 回分 ◎ 玉ねぎ　1/2 個　スライス ◎ ニンニク / 生姜　8g/8g　みじん切り ◎ トマト缶 120g ◎ ヨーグルト　80g　滑らかに溶いておく ◎ サラダ油　大さじ 3

A. 水　300 cc ◎ 生姜スライス　500 円玉 2 枚分 ◎ セロリ　30g　ぶつ切り

B. シナモン　3 ㎝ × 1 枚 ◎ ベイリーフ 1 枚 ◎ ブラックカルダモン　1 粒 ◎ カルダモン　4 粒 ◎ クローブ　4 粒

C. ターメリック　小さじ 2/3 ◎ チリパウダー　小さじ 1 ◎ コリアンダーパウダー　小さじ 1 と 1/2 ◎ クミンパウダー 小さじ 2/3

D. ガラムマサラ　小さじ 1/2 ◎ ブラックペッパーパウダー　小さじ 1/8 ◎ 砂糖 小さじ 2/3 ◎ 塩　小さじ 2/3 ～

手順｜

①圧力鍋に牛筋と水 300 cc を入れて中火で沸かし、中のお湯を捨てる。②"①"をもう一度繰り返す。③牛筋の鍋に A を入れて中火にかけて沸かし、アクをすくって捨てて火を止める。③フタをして圧力がかかるまで中火で熱する。④火を弱火にして 20 分煮て、火を止めて圧力が抜けるまで待ってフタを開ける。③別の鍋にサラダ油と B を入れて中火にかけ、ベイリーフが茶色くなるまで熱する。④玉ねぎを加えてきつね色になるまで炒め、ニンニク / 生姜を加えて 15 秒炒める。⑤トマト缶を加えて 60 秒炒め、C を加えて 30 秒炒める。⑥ヨーグルトを加えて 15 秒しっかり混ぜながら炒め、"④"の鍋に加えて中火で沸かす。⑦弱火にして 15 分煮て、D を加えてよく混ぜて完成。

クレソンと伊予柑のアチャール（和え物タイプ）

食べ頃｜ できたて。

保存｜ 保存容器に入れて冷蔵庫で 1 日程度。

材料｜

クレソン　150g 程度　3cm 幅に切る ◎ 伊予柑　200g 程度　薄皮を剥く（その他の柑橘系やパイナップルもおすすめです！）◎ 白ワインビネガー　大さじ 1 ◎ オリーブオイル　大さじ 1 ◎ フライドチリ (p.31 参照)　鷹の爪 1 本分 指で軽くほぐす ◎ ブラックペッパーパウダー　2 つまみ ◎ 塩　小さじ 1/3 ～

手順｜

①全ての材料をボウルで混ぜ合わせて完成。

※セロリとグレープフルーツの組み合わせで作るのもおすすめです！

【新玉ねぎ】

旬

3〜5月。

下ごしらえ

①皮を剥いて、イラスト1(※)のⒶとⒷの部分を切り落とします。②水で洗って汚れを落とし、水気を拭き取ります。③縦に二つ割りにして、レシピに応じてカットします。みじん切りのとき以外は、先に芯を"ハの字"に切り取るとやりやすいです。このとき、変色して溶けている箇所があれば取り除きましょう。

保存方法

〇新玉ねぎは水分が多く傷みやすいので、風通しの良い場所に吊るすか、ポリ袋に入れるなどして冷蔵庫で保存します。〇下ごしらえを済ませたものもポリ袋などに入れて、冷蔵庫で保存できます。5日程鮮度を保てます。

カリ〜雑学

毎年春になると、新玉ねぎをカリ〜作り

に使うとき、量は増やした方がいいのか、そのままでいいのかという質問をよく受けます。経験上、新玉ねぎを使うときは同じ量か、1割程度減らすとよいです。新玉ねぎは水分が多いので、元のレシピより量を増やしたくなるかもしれません。しかし新玉ねぎは甘みも強いので、普段の玉ねぎより少し少なくてもしっかり味が出ます。むしろ量を増やすと水分が多いため炒まりづらくなり、玉ねぎの美味しさのもとである香ばしさが半減し、スパイスの香りが引き立たなくなってしまいます。　もしどちらの玉ねぎを使うか選べる場合は、新玉ねぎは一つの具材として考え、むしろあまり炒めずに使うことで甘味を活かした料理を作ることができます。右ページのスパイシー酢豚はまさにそこを意識した料理です。今年はこれらの点を意識して、カリ〜を作ってみてください!

(※)は、右ページ最後のQRコードからご覧いただけます。

▽スパイシー酢豚

▽新玉ねぎのアチャール(和物タイプ)

スパイシー酢豚

材料 |

トマト缶　大さじ４◎穀物酢　50cc◎
醤油　小さじ１～◎砂糖　小さじ 1/2 ◎
油　大さじ３

A. 豚肉　200g ３cm角切り◎チリパウ
ダー　小さじ 1/4 ◎塩　小さじ 1/6 ◎片栗
粉　大さじ１と 1/3 ◎レモン果汁　小さ
じ１

B. 新玉ねぎ　1/4 個　ざく切り(※)◎
ピーマン / 赤ピーマン　それぞれ 1/2 個
ざく切り◎ニンニク / 生姜　10g/10g
粗みじん切り

C. チリパウダー　小さじ 1/2 ◎ブラッ
クペッパーパウダー　小さじ 1/8 ◎クミ
ンパウダー　小さじ 1/3 ◎ガラムマサラ
小さじ 1/3

手順 |

①Ａの材料を全て混ぜ合わせる。②フ
ライパンに油を引いて弱めの中火にか
け、豚肉を入れて３～４分炒め、完全
に火を入れて取り出す。③火を強火にし
て、同じフライパンにＢを入れて 60 秒
炒める。④トマト缶を加えて 30 秒炒め、
穀物酢を加えて混ぜながら沸かす。③Ｃ
を加えて 10 秒混ぜながら加熱し、"②"
の豚肉を戻し入れて 10 秒炒める。④醤
油と砂糖を加えて全体をよく混ぜて完
成。（※）は、横の QR コードからご覧
いただけます。

新玉ねぎのアチャール（和え物タイプ）

食べ頃 | できたて。

保存 | 保存容器に入れて冷蔵庫で１～２
日。

材料 |

玉ねぎ　1/2 個　スライス(水にさらす
と辛味が抜けます)◎塩　小さじ 1/2 ～
◎リンゴ酢　大さじ１◎鷹の爪　１～２
本　種を抜く◎油　30 cc

手順 |

①フライパンに油 30 cc と鷹の爪を入れて
弱めの中火にかけ、全体がしっかり黒
光りするようになるまで炒め、器に取り
出して冷ます。(＝フライドチリ)②ボ
ウルに玉ねぎと塩、リンゴ酢を入れ、"①"
のフライドチリを指でほぐしながら加
え、全体をよく混ぜて完成。

フライドチリ（※写真 1,2）：真っ黒です
が香りがよく、あまり辛くも苦くもあ
りません。野菜系やダル系カリ～の仕上
げに少量加えると美味しいです。常温保
存できるのでまとめて作っても！

▷下ごしらえのカットイ
ラストやフライドチリの
補強情報はこちらから！

【グリーンピース】

旬

3〜6月。

下ごしらえ

グリーンピース　①莢に入っているものは莢から取り出します。②既に莢から取り出してあるものは、さっと水にくぐらせて水気を切ります。

スナップエンドウ　①水で洗って水気を切ります。②ヘタを指で折り、莢の腹側から下に引っ張って筋を取り除きます。
※どちらも先に1%以下の塩分濃度のお湯で下茹ですると、豆特有の香りが落ち着き、甘味が引き立ちます。

保存方法

○グリーンピースと、スナップエンドウはポリ袋に入れて野菜室へ。3日程保存できます。○下ごしらえをしたグリーンピースは鮮度が落ちやすいです。チャック付き保存袋に入れて、冷蔵庫では2日、冷凍庫では2週間鮮度を保てます。○スナップエンドウは冷凍に不向きなので、鮮度が落ちる前に茹でるのが良いです。そうするとサラダなどの彩りなどに使えるようになり、用途がぐっと広がるので消費しやすくなります。

カリ〜雑学

グリーンピースの原産はアフリカや南西アジアと言われており、紀元前9500年には既に小麦、大麦、レンズ豆などと合わせて人々が栽培して収穫し、調理して食べていたということで、最古の農作物の一つと考えられているようです。グリーンピースはなんと10000年以上も前から変わらず人間が食べ続けているということになるんですね。ちなみにスパイスに関しては、諸説あり地域差ありですが、紀元前2000年頃には世界のあちこちで香りづけや保存を目的として使われていたようです。妄想ですが、例えば右ページの砂肝とスナップエンドウのカリ〜を紀元前の人たちが食べたとしたら、美味しいと感じてもらえるんでしょうか。いろいろと調べ物をしながらそんなことをふと思いました。

▽クローブ香る砂肝とスナップエンドウのカリ〜　▽麻辣豌豆

カリ〜ビトのカリ〜&アチャール辞典

クローブ香る砂肝と
スナップエンドウのカリ〜

材料 |

砂肝　300g　4〜6等分する◎スナップエンドウ(もしくはグリーンピース)150g◎玉ねぎ　1/2個　スライス◎ニンニク　3粒　みじん切り◎トマト缶150g◎水　300cc◎サラダ油大さじ2

A. フェンネルシード　小さじ2/3◎クローブ　10粒◎カルダモン　3粒

B. シナモン　3cm×1枚◎ベイリーフ1枚◎鷹の爪　3本

C. ターメリック 小さじ1/2◎チリパウダー 小さじ2/3◎コリアンダーパウダー 小さじ1◎ガラムマサラ 小さじ1/2◎ブラックペッパーパウダー 小さじ1/8

D. ウスターソース　小さじ2/3◎バター 小さじ1◎塩　小さじ2/3〜

手順 |

①Aをフライパンに入れて弱めの中火にかけて90秒乾煎りする。②火から下ろして冷まし、電動ミルでパウダーにしてCと混ぜる。③鍋に油とBを入れて弱めの中火にかけ、ベイリーフが色づいたら玉ねぎを加えてきつね色に炒める。④ニンニクを加えて15秒炒め、トマト缶を加えて90秒炒める。④ "②" を加えて30秒炒め、砂肝を加えてさらに30秒炒める。⑤水を加えて沸かして8分煮て、スナップエンドウを加えて再度沸か

してさらに2分煮る。⑥Dを加えてよく混ぜて完成。

麻辣豌豆

食べ頃 | できたて、もしくは冷蔵庫で一晩寝かせて。

保存 | 冷蔵庫で5日程度。

材料 |

グリーンピース　生1カップもしくは乾燥2/3カップ◎揚げ油　適量◎みりん大さじ3◎手作りラー油(レシピ　夏・秋版 p.17) 大さじ3

手順 |

①乾燥の場合は前日に水に浸けておく。鍋に分量外のお湯を沸かし、グリーンピースを茹で、お湯から引き上げる。生のものは90秒程度、乾燥のものはお湯に入れ、再沸騰させて弱火で20〜30分程度、芯を残さないように茹でる。②揚げ油を175℃に熱し、"①" を入れて30秒素揚げし、もしくはフライパンに多めの油を引いて中火にかけ、温まったら50秒炒め、引き上げる。油が跳ねるので注意してください！③小さめの鍋にみりんを入れて中火にかけて沸かし、"②" を加えて30秒混ぜながら熱する。④火を止めて手作りラー油を加えて混ぜ、保存容器に移して粗熱を取って完成。一晩寝かせて味わいたい場合は、冷蔵庫へ。

【セロリ】

旬 |
地域によって異なり 12 〜 4 月のものと 7 〜 10 月のものがあります。

下ごしらえ |
①枝の一番下の端の付け根の部分を薄く切り落とし、まな板に収まる長さに切ります。②水でさっと洗って水気を切ります。②根本の太い部分は筋があるので、切り口に包丁の刃を当て、下に引っ張ると筋が剥けます。薄くもしくは細かく切る場合は、あまり気にならないので無理して筋を引く必要はありません。③葉の部分は柔らかければ茎と一緒に刻んで使えますが、硬かったり、変色している葉は取り除きましょう。

保存方法 |
○乾燥しやすく、セロリのウリであるみずみずしさと爽やかな香りを保てる期間は短いです。なるべく使う最低限の量を買ってきて、すぐに使い切るのがおすすめです。○たくさん手に入った場合は、下ごしらえをして、1 本ずつラップで包んで野菜室に入れましょう。1 週間程鮮度を保てます。

カリ〜雑学 |
セロリはヨーロッパ出身なので西洋料理ではごく身近な食材で、肉や魚料理で香りづけや臭み消しとして頻繁に使用されます。インド料理をはじめ南アジアの料理では、セロリは馴染みがありませんが、私個人的には特に魚介類を使ったカリ〜において、セロリを使うことは大いにアリと感じます。例えば "フグと長ネギのラッサム (p.17)" も、食材を入れ替えて "フグとセロリのラッサム" にしても美味しいですよ。このように、その土地にもともとないからといって、使ってはいけないということはありません。これに関しては連想ゲームのような感じで、相性の良い食材を紙の上に書き出して線で繋げてみるなどすると新しい発見が生まれるかもしれません。

▽セロリとシーフードのカリ〜

▽セロリと生姜の中華風アチャール

カリ〜ビトのカリ〜＆アチャール辞典

セロリとシーフードのカリ〜

材料｜

シーフードミックス 250g 程度◎セロリ 120g　1cm 厚さで斜めにスライス◎トマト缶 120g◎タマリンドペースト　大さじ 3 〜 4(あれば)◎水 300 cc◎塩 小さじ 1/2 〜◎サラダ油 大さじ 2 〜 3

A. ブラウンマスタードシード　小さじ 1/2◎鷹の爪　3 本◎フェヌグリークシード　小さじ 1/2◎フェンネルシード 小さじ 1/2

B. カレーリーフ 8 枚◎ニンニク / 生姜 8g/8g みじん切り◎グリーンチリ　1 本 小口切り◎玉ねぎ 1/3 個 スライス

C. ターメリック　小さじ 1/2◎チリパウダー　小さじ 2/3◎コリアンダーパウダー　小さじ 1◎ココナッツファイン 大さじ 2

手順｜

①フライパンにサラダ油を入れて中火にかけ、熱くなったら A を入れて 5 秒炒める。(鷹の爪を 1 本先に入れて火にかけ、香りが立ったら適温です。) ② B を加えて 90 秒炒める。③トマト缶とタマリンドペーストを加えて 90 秒炒める。④ C を加えて 30 秒炒め、水を加えて沸かす。⑤フタをして弱火にして 10 分煮る。⑥フタを外して弱火のまま、シーフードミックスとセロリを加えて混ぜながら沸かし、3 分半煮て塩を加えてよく混ぜ

て完成。

セロリと生姜の中華風アチャール

食べ頃｜ できたて。

保存｜ 保存容器に入れて冷蔵庫で 2 日程度。

材料｜

セロリ　120g　斜めに薄くスライス◎生姜　500 円玉 3 枚分　皮を剥いて千切りに◎ホワイトペッパーパウダー　2 つまみ◎穀物酢　大さじ 1

以下の材料をお好みでいずれか一組↓

A. 五香粉小さじ 1/4◎醤油　大さじ 1/2◎ごま油　小さじ 1/2◎塩　2 つまみ

B. 手作りラー油 (レシピ夏・秋版 p.17) 大さじ 1◎醤油　小さじ 1/3

C. ゆず七味　小さじ 1/2◎塩　小さじ 1/2◎太白ごま油　大さじ 1/2

手順｜

① A、B、C のいずれかと、その他全ての材料をボウルに入れ、混ぜ合わせて完成。

※さらに上記に、茹でた鶏ささみのスライス 50g 程度をお好みで混ぜ込んでも美味しいです！

【そら豆】

旬｜

4〜6月。

下ごしらえ｜

①莢から豆を取り出す。②豆に黒っぽい筋が入っているので、その反対側部分に包丁で幅1cm程度、深さ1〜2mm程度の切れ込みを入れる。③1%前後の濃さで塩を入れたお湯を沸かし、そら豆を2〜3分茹でる。④そのまま食べる場合は、熱々をどうぞ！"②"で切れ込みを入れてあるので薄皮が簡単に剥けます。⑤カレーに使う場合は水で冷まして薄皮を剥き、水気を切ります。

保存方法｜

○莢から出すとすぐに鮮度が落ちてしまうので、使うまでは莢のまま新聞紙に包んで野菜室に入れます。生のそら豆は香りが命なので、2、3日で食べきるのがおすすめです。○すぐに食べきれない場合は、下ごしらえをして保存容器などに並べて入れ、冷凍すると良いです。1週間程香りも鮮度も保持できます。○翌日すぐにカレーに使う場合などは、下ごしらえを済ました状態での冷蔵保存も問題ありません。

カリ〜雑学｜

生のそら豆は旬が短いですが、次ページのチキンカリ〜や、その他のレシピに彩りでそら豆を加えたい場合は乾燥のものも使えます。乾燥のものは前日から水に浸けておき、柔らかくなったら茶色い皮を剥いて、お湯で所定の時間茹でましょう。ただ、そら豆は莢入りのものは豆がまだ若い未熟な状態なのですが、乾燥そら豆は豆が成長したものを乾燥させているので、同じそら豆でも味と香りが異なります。もちろんどちらもそれぞれ美味しいのですが、アチャールに関しては生のそら豆がおすすめですよ！ちなみに本書でも時々登場している中国の発酵調味料豆板醤ですが、実はこのそら豆からできています。そら豆から作る味噌なんて、日本ではとても贅沢に思えてしまいますね！

▽厚揚げとそら豆のチキンカリ〜

▽酢パイシ〜そら豆

カリ〜ビトのカリ〜＆アチャール辞典

厚揚げとそら豆のチキンカリ～

材料 |

剥きそら豆　80g程度　下ごしらえをしておく◎厚揚げ　1枚　食べやすい大きさに切る◎玉ねぎ　1/2個　スライス◎ニンニク/生姜　5g/5g　みじん切り◎トマト缶　130g◎ヨーグルト　50g　滑らかに溶いておく◎水　280cc◎塩　小さじ2/3～◎砂糖　小さじ1/2◎サラダ油　大さじ2

A. 鶏モモ肉　300g　一口大に切る◎ターメリック　小さじ1/5◎すりおろし生姜　小さじ1/2◎米酢　大さじ1/2◎白ワイン　大さじ1/2

B. シナモン 3cm×1枚◎ベイリーフ　1枚◎鷹の爪　2本

C. ターメリック　小さじ1/2◎チリパウダー　小さじ2/3◎ガラムマサラ　小さじ1/2◎ブラックペッパーパウダー　小さじ1/8

手順 |

①ボウルにAを入れてよく混ぜ、最低2時間マリネする。②鍋にサラダ油とBを入れて中火にかけ、ベイリーフが茶色く色づいたら玉ねぎを加えてきつね色に炒める。③ニンニク/生姜を加えて10秒炒め、トマト缶を加えて90秒炒める。④Cを加えて30秒炒め、"①"を加えて2分半混ぜながら炒める。⑤一度火を止めてヨーグルトを加え、全体が均一な色になるまでしっかりと混ぜ、さらに混ぜながら水を加えて全体が均一になるまで混ぜる。⑥再度中火にかけて沸かし、火を弱火にして10分煮る。⑦厚揚げとそら豆を加えて弱火のまま沸かし、7分煮て塩と砂糖を加えてよく混ぜて完成。

酢パイシ～そら豆

食べ頃 | 翌日以降。

保存 | そのままの状態で冷蔵庫で2～3週間。

材料 |

そら豆　生1カップ（乾燥2/3カップ）◎らっきょ酢　1カップ程度◎醤油　大さじ1◎クミンシード　小さじ1/2◎鷹の爪　1本◎昆布（乾燥）　10cm程度◎ごま油　一垂らし

手順 |

①ボウルにそら豆以外の材料を全て合わせる。②そら豆を下ごしらえの手順で下茹でまで済ませ、熱い状態のまま保存容器か保存瓶に入れる。③"②"に"①"の漬け液を注ぎ入れ、表面にラップを被せて蓋をする。④冷蔵庫で1～2日寝かせる。

【タケノコ】

旬|

3〜5月。

下ごしらえ| タケノコは手に入ったらなるべく早くアク抜きをしましょう！
①一番外側の厚い皮を剥いて、水で洗って土を落とします。根の切り口が変色している場合は切って落とします。②タケノコの先を斜めに5cm程切り落とし、切り口から垂直に10cm程の深さで包丁で切れ目を入れます。③大きめの鍋にタケノコと被るくらいの水、タケノコの重さの5%の米ぬかを入れ、中火にかけて沸かします。④沸いてきたら吹きこぼれないように火を弱火にし、タケノコに落し蓋をして、30〜40分茹でて火を止め、そのまま冷まします。⑤冷めたらタケノコを取り出して、厚い皮を全て剥いて全体を水で洗ったらアク抜き完了です！

保存方法|

○アク抜き後は、水と一緒にチャック付き保存袋に入れて空気を抜いて封をすれば、1週間程冷蔵保存できます。○冷凍保存も便利です。使いやすいサイズに切り分け、チャック付き保存袋に入れれば2週間程鮮度を保てます。ただ冷凍すると特有のコリコリ食感がなくなり、天ぷらなど食感が必要となる料理に使えなくなるので注意しましょう。

カリ〜雑学|

タケノコに遅れて出てくる、ネマガリタケやハチクも同じレシピで料理ができます。どちらも比較的アクが少ないので、下ごしらえは弱火で15〜20分、大きいものでも30分茹でれば食べられるようになります。大きいものでアクがありそうな場合は、タケノコと同じ要領で米ぬかを入れて炊きましょう。もしも茹でた後にアクがあると感じた場合は、水1リットルにつき小さじ2/3のターメリックを入れ、そこにネマガリタケなどを入れて火にかけて沸かし、15分程茹で直せばアクが抜けます！お試しください〜！

▽タケノコと春キャベツ　▽タケノコとオリーブの
のチキンキーマカリ〜　　アチャール

カリ〜ビトのカリ〜＆アチャール辞典

タケノコと春キャベツのチキンキーマカリ～

材料|

鶏挽き肉(お好きな部位で) 200g ◎タケノコ 150g 程度 5mm 厚さでイチョウ切り◎春キャベツ 150g 1cm×3cm に切る◎玉ねぎ 1/2 個 スライス◎ニンニク/生姜 5g/10g◎レッドチリ 1本 小口切り◎トマト缶 100g◎ココナッツミルク 100cc◎水 240cc◎クミンシード 小さじ 2/3◎サラダ油 大さじ 2

A. ターメリック 小さじ 1/2◎チリパウダー 小さじ 2/3◎コリアンダーパウダー 小さじ 1/2◎ガラムマサラ 小さじ 1/2◎ブラックペッパーパウダー 小さじ 1/8

B. ナンプラー 小さじ 2/3◎砂糖 小さじ 1/3◎塩 小さじ 1/2～

手順|

①フライパンにサラダ油を入れて中火にかけ、温まったらクミンシードを入れて軽く香りを立てる。②玉ねぎを加えてきつね色に炒め、ニンニク/生姜とレッドチリを加えて 10 秒炒める。③鶏ひき肉を加えて完全に火が入るまで炒め、トマト缶を加えて 60 秒炒める。④A を加えて 30 秒炒め、タケノコと春キャベツを加えて 60 秒炒める。⑤ココナッツミルクと水を加えて沸かし、火を弱火にして 10 分煮る。⑥B を加えてよく混ぜて完成。

タケノコとオリーブのアチャール

食べ頃| 冷蔵庫で 1 日寝かせて。

保存| 冷蔵庫で 1 週間程度。

材料|

パンチフォロン 小さじ 1/2◎ニンニク/生姜 4g/4g みじん切り◎白ワインビネガー 大さじ 2

A. ピュアオリーブオイル 大さじ 1◎サラダ油 大さじ 2◎鷹の爪 2本

B. ターメリック 小さじ 1/2◎チリパウダー 小さじ 2/3◎ブラックペッパーパウダー 小さじ 1/8

C. タケノコ 300g 5mm 厚さでイチョウ切り◎白オリーブ 50g◎黒オリーブ 50g ※どちらも種抜き

D. 塩 小さじ 1～◎カスリメティ 小さじ 1/2◎はちみつ 小さじ 1

手順|

①フライパンに A を入れて中火にかけ、香りが立ったらパンチフォロンを加えて 5 秒炒める。②ニンニク/生姜を加えて 10 秒炒め、B を加えてさらに 10 秒炒める。③C を加えて 30 秒炒め、白ワインビネガーを加えて混ぜながら沸かす。④フタをして弱火にして 3 分蒸らし、フタを外して D を加えて 10 秒混ぜる。⑤火を止めて保存容器に移し、粗熱を取って冷蔵庫で寝かせる。

【菜花（菜の花）】

旬

1～3月。※菜花は、アブラナ科の野菜が春に暖かくなる頃に花を咲かせるために伸ばしてくる薹(とう)の部分の総称です。アブラナ科には大根やカブ、菜種などたくさんの種類があり、それぞれで菜花の形や味わい、美味しい時期が少しずつ違います。

下ごしらえ

①水で軽くゆすいで水気を切り、レシピに応じて扱いやすい長さに切ります。②茎の下の方の太い部分は、太さに応じて縦に二つ割りします。それ以外には特に下ごしらえが必要ないので、扱いやすい食材ですね！

保存方法

○買ってきたものはポリ袋などに入れて、畑で収穫したものは新聞紙で包んで、野菜室で保存しましょう。1週間程保存ができます。○温かいところに置いておくと花が咲くので、まだ寒い時期でも暖房が効く部屋では常温ではなく野菜室での保存がおすすめです。

カリ～雑学

使う前に半日ほど天日干しにすると適度に水分が抜けて味と香りが増します。カレー以外でも炒め物にしたりするときでも効果あります！

また菜花は相当な種類のローカル品種が日本各地に存在しています。のらぼう菜のように関東で知名度を獲得したものもあれば、市場には出回らない、その地域の人たちしか知らない場所にひっそりと生えるレア菜花のようなものもあります。味や香りの強さにも想像以上の振り幅があるので、旅行先で少し変わった菜花を見つけたらぜひ積極的に買って楽しんでいただきたいと思います。一つ一つの菜花の旬は非常に短いですが、日本は縦に長く標高差もある国で、例えば九州で菜花が終わっても、北陸や東北ではそれよりも遅れて別の菜花が出回りますので、意識していれば意外にしっかり楽しむことができる野菜だったりします！

▽サグパニール

▽菜の花ポークアチャーリー

カリ～ビトのカリ～＆アチャール辞典

サグパニール

材料 | パニール　250g　3 cm角切り◎玉ねぎ　1/2 個　スライス◎ニンニク / 生姜　8g/12g　みじん切り◎トマト缶 120g ◎水　250 cc◎サラダ油 大さじ 2

A. 菜の花　200g　ざく切りで 3 分茹で、冷まして水気を絞る◎牛乳　120 cc◎生クリーム　40 cc

B. ベイリーフ 1 枚◎シナモン 3 cm × 1 枚

C. ターメリック小さじ 2/3 ◎チリパウダー　小さじ 2/3 ◎コリアンダーパウダー小さじ 1◎ガラムマサラ小さじ 1/2

D. ブラックペッパーパウダー　小さじ 1/8 ◎カスリメティ　大さじ 1 ◎ギー 大さじ 2/3 ◎塩　小さじ 2/3 〜

手順 | ①A をフードプロセッサーにかけてペーストにする。②鍋にサラダ油と B を入れて中火にかけ、ベイリーフが色づくまで熱する。③玉ねぎを加えてきつね色に炒め、ニンニク / 生姜を加えて 10 秒炒める。④トマト缶を加えて 60 秒炒め、C を加えて 30 秒炒める。⑤水を加えて沸かし、パニールを加えて再度沸かして 4 分煮る。⑥ "①" を加えて混ぜながら沸かし、強火にして 25 秒煮立て、D を加えてよく混ぜて完成。

菜の花ポークアチャーリ〜

食べ頃 | 粗熱が取れたら。温め直してお召し上がりください！

保存 | 保存容器に入れて冷蔵庫で 5 日程度

材料 | 豚肉　400g　3 cm角切り◎菜の花　200g　ザク切り◎ニンニク / 生姜 10g/10g　みじん切り◎水 250cc ◎サラダ油 80 cc

A. ブラウンマスタードシード、クミンシード、フェヌグリークシード、ブラックペッパー (粒)、コリアンダーシード 全て小さじ 1◎カルダモン　5 粒

B. ターメリック　小さじ 1/2 ◎チリパウダー　小さじ 2/3 ◎塩　小さじ 1/4

C. ベイリーフ　1 枚◎シナモン　3cm × 1 枚

D. 穀物酢　80cc ◎砂糖　小さじ 2 ◎塩 小さじ 2/3 〜

手順 | ①フライパンに A を入れて弱めの中火にかけ、2 分乾煎りして冷まし、電動ミルでパウダーにして B と混ぜる。②豚肉と "①" を混ぜ、2 時間マリネする。③フライパンに油と C を入れて中火にかけ、ベイリーフが色づいたら "②" とニンニク / 生姜を加えて 60 秒炒める ④菜の花を加えて 3 分炒め、水を加えて沸かす。⑤加えた水がなくなるまで煮て、D を加えて混ぜながら再度沸かす。⑥保存容器に移して粗熱を取る。

【ニラ】

旬｜

3〜5月。

下ごしらえ｜

○スーパーで買えるものは、特に下ごしらえは必要ありません。袋から出してレシピに応じて適当な長さに切って使います。畑から収穫してきたものは一度水洗いして水気を切ってから料理に使います。

保存方法｜

○ニラは水滴がついていると傷みやすいので、畑から収穫してきたものは新聞紙で包んで、スーパーで買ってきたものは袋のまま野菜室に入れて保存します。1週間を目安に食べ切ると良いでしょう。
○たくさんあって食べ切れない場合は、使いやすい長さに切ってチャック付き保存袋に入れて冷凍しましょう。2週間以上保存できます。冷凍したものを料理に使うときは解凍せずに、凍ったまま料理に加えて使うようにします。

カリ〜雑学｜

夏バテにレバニラ！みたいなイメージもあったりすることから、夏が旬のようなイメージがあるニラですが、実は春が旬だったりします。ただ、ニラは暑さには強い野菜というこで、気温が上がると成長が早くなり、出荷量は夏が多くなるとのことです。それに加えて、アリシンといった夏バテに効く栄養素を豊富に含んでおり、レバニラなどスタミナ系の料理の味わいと相性も良いことから、夏が旬というイメージが定着したと言われているそうです。最近は暑くなる時期が例年より早かったりして、季節外れの暑さにやられてしまうこともあったりしますね。今年は記録的な暖冬でもありました。というわけでカリ〜ビトからも季節先取りで、レバニラカリ〜のレシピを紹介したいと思います！

◁レバニラカリ〜

◁ニラとトマトのアチャール

レバニラカリ～

材料 |

ニラ　1/3 束　4 cm 長さに切る◎玉ねぎ　2/3 個　スライス◎ニンニク / 生姜　10g/5g　みじん切り◎トマト缶　100g◎ヨーグルト　40g　きれいに溶いておく◎水　250 cc◎オイスターソース　大さじ 2/3◎サラダ油　大さじ 3

A. 鶏レバー　350g ◎ターメリック　小さじ 1/4◎すりおろし生姜　小さじ 1◎酒　小さじ 1

B. シナモン　3 cm×1 枚◎ベイリーフ 1 枚◎クローブ　4 粒◎ブラックカルダモン　1 粒◎スターアニス　1 粒

C. ターメリック　小さじ 1/2◎チリパウダー　小さじ 1◎コリアンダーパウダー　小さじ 1 と 1/2◎クミンパウダー 小さじ 1/2

D. ガラムマサラ 小さじ 1/3◎カスリメティ　小さじ 2/3◎ブラックペッパーパウダー 小さじ 1/6◎塩 小さじ 1/2 ～

手順 |

①A の鶏レバーは 3 ～ 4 等分してボウルに入れて水で 2 回ゆすぎ、ざるで水気を切る。②A の他の材料を合わせて 20 分漬け置き、水気はざるで切って捨てる。③フライパンに油と B を入れて中火にかけ、ベイリーフが軽く色づいたら玉ねぎを加えてきつね色に炒める。④ニンニク / 生姜を加えて 10 秒炒め、トマト缶を加えて 60 秒炒める。⑤C を加えて 30 秒炒め、"②"を加えて 90 秒炒める。⑥ヨーグルトを加えて 15 秒炒め、水を加えて沸かす。⑦アクをすくいながら 6 分煮てオイスターソースとニラを加えて混ぜながら再度沸かす。⑧D を加えてよく混ぜて完成。

ニラとトマトのアチャール

食べ頃 | 粗熱が取れたら

保存 | 保存容器に入れて冷蔵庫で 3 日程度

材料 |

ニラ　1/2 束　1cm 幅に切る◎ニンニク　3 粒　みじん切り◎カットトマト缶 1 缶◎塩　小さじ 2/3 ～◎ティムルパウダー　大さじ 1/2 ～◎サラダ油 大さじ 2

A. チリパウダー 小さじ 1/4◎クミンパウダー　小さじ 1/2

手順 |

①フライパンにサラダ油とニンニクを入れて中火にかけ、ニンニクをきつね色に炒める。②トマト缶を加えて沸かし、90 秒炒めて A を加え、15 秒混ぜる。③ニラを加えて 60 秒混ぜながら加熱し、フタをして火を弱火にして 4 分蒸らす。④フタを外して塩とティムルパウダーを加えてよく混ぜ、粗熱を取って完成。

【ヤングコーン】

旬

5〜6月

下ごしらえ

○外側の緑色の皮とヒゲを取って、水でさっとすすげばそのまま料理できます。レシピに応じた長さに切って料理しましょう。ヒゲも食べることができ、栄養豊富です。刻んでカレーに混ぜてもいいですし、天ぷらにしてカレーにトッピングしても、見た目かわいく食感もアクセントになっていいですね！また、皮付きのまま丸ごと焼いて楽しむこともできるので、皮は無理に剝く必要はありません！

保存方法

○トウモロコシ同様に鮮度が落ちやすいので、手に入ったらその日に調理し終えると味も香りも最大限に楽しめます。○葉付きの状態では、新聞紙で包んで野菜室に入れて、2日程鮮度を保てます。○それより長い期間保存したい場合は、下ごしらえを済まして下茹でし、冷ましたうえでチャック付き保存袋などに入れて冷蔵もしくは冷凍保存しましょう。冷蔵では4日程、冷凍では1〜2週間程保存できます。他の野菜同様、冷凍では食感、香りどちらも失われやすいのでご注意ください。

カリ〜雑学

ヤングコーンは葉付きひげ付きの状態で丸焼きにして食べられます。そうすると少し香ばしい香りが付くので、そうしたものをカレーの具として使っても最高ですね。その場合はヤングコーンには既に火が入っているので、右ページのカリ〜の手順"⑤"の煮込み時間を9分にして、ヤングコーンを加えて再沸騰してからの追加の煮込み時間は2分にします。また、茹でたり焼いたりしてぶつ切りにしたスイートコーンも同じレシピで楽しめますのでトウモロコシの時期にもぜひ。夏は水400ccのうち100〜150ccをココナッツミルクで置き換えるのもおすすめです。ココナッツミルクは水と一緒に加えて問題ありません。

▽ヤングコーンと　　　▽ヤングコーンの
　豚バラのカリ〜　　　　アチャール

カリ〜ビトのカリ〜＆アチャール辞典

ヤングコーンと豚バラのカリ〜

材料|

豚バラスライス　300g　3cm幅に切る◎
ヤングコーン　150g　1〜3cm幅に切
る◎玉ねぎ　小さじ1/2　スライス◎ニ
ンニク/生姜　8g/5g　みじん切り◎ト
マト缶　100g◎水　400cc◎サラダ油
大さじ1と1/2

A. シナモン 3cm×1枚◎ベイリーフ　1
枚◎八角　1粒◎鷹の爪　3本◎クロー
ブ3粒

B. ターメリック　小さじ2/3◎チリパ
ウダー　小さじ1◎コリアンダーパウ
ダー　小さじ1と1/3◎クミンパウダー
小さじ1/2

C. カスリメティ　小さじ1◎ブラック
ペッパーパウダー　小さじ1/8◎塩　小
さじ3/4〜◎ごま油　小さじ1

手順|

①フライパンに油とAを入れて中火に
かけ、ベイリーフが軽く色づくまで炒め
る。八角が弾けることもあるので、フラ
イパンの中はあまり覗き込まないように
しましょう。②玉ねぎを加えてきつね色
に炒め、ニンニク/生姜を加えて10秒
炒める。③トマト缶を加えて30秒炒め、
Bを加えて15秒炒める。④豚バラスラ
イスを加えて2分炒め、水を加えて沸か
す。⑤7分煮てヤングコーンを加えて再
度沸かし、さらに4分煮てCを加えて

よく混ぜて完成。

ヤングコーンのアチャール

食べ頃| できたて。

保存| 保存容器に入れて冷蔵庫で3日程
度。

材料|

ヤングコーン 250g 1cmの長さに切る
◎ニンニク2粒◎グリーンチリ1本 穴
を開けておく◎プチトマト7粒 縦に二
つ割り◎サラダ油 大さじ4◎刻みパク
チー　3g◎塩 小さじ2/3〜◎レモン果
汁 大さじ2

手順|

①フライパンに油を引いて弱めの中火に
かけ、ニンニクとグリーンチリを入れて
表面がきつね色になるまで炒め、油から
引き上げる。グリーンチリが爆発するの
で必ず穴を開けておきましょう！②同じ
フライパンにプチトマトを入れ、60秒
炒めて引き上げる。③同じフライパンに
ヤングコーンを入れ、ヤングコーンの大
きさによって3〜5分程度炒めて油か
ら引き上げる。※水煮缶を使う場合、炒
め時間は90秒にします。④ヤングコー
ンとレモン果汁以外の材料を全て合わせ
て石臼か電動ミルでペースト状にし、そ
れにヤングコーンとレモン果汁を混ぜ合
わせて完成。

付録

ちょっとずつ余った野菜を有効活用！
ミックスベジタブル＆ダルカリ〜

インドで人気の、豆と野菜のダルカリ〜のレシピです。ちょっと余ったキャベツ、半分だけ使い切れなかったカブ、千切りにした人参の端っこなどを集めて豆と一緒に煮れば無駄なく美味しく栄養補給できます！ライスと一緒に食べますが、是非本書のアチャールも一品添えて！

■マスールダルを使ったレシピ

材料｜マスールダル 2 カップ◎野菜 (冬・春・秋の野菜) 150 〜 200g ◎水 600 cc◎生トマト 50g 1 cm角切り (なくてもよい)◎ニンニク 2 粒 潰してスライス◎クミンシード 小さじ 2/3 ◎鷹の爪 5 本◎塩 小さじ 1 と 1/3 〜◎サラダ油 大さじ 2 ◎刻みパクチー 適量 (お好みで、なくてもよい)

A. ターメリック　小さじ 1/2 ◎チリパウダー　小さじ 1/2 ◎クミンパウダー 小さじ 1/2

手順｜①鍋にマスールダルを入れて 2 回水でゆすぎ、水を入れて中火にかけて沸かし、鍋を一度底からしっかりと混ぜる。②野菜と、使う場合は生トマトを加えて再度沸かし、火を弱火にして 12 分煮る。③小さめのフライパンに油と鷹の爪を入れて弱めの中火にかけ、鷹の爪から香りが立ったらクミンシードを加えて 10 秒炒め炒める。④ニンニクを加えて 10 秒炒め、Aを加えてさらに 10 秒炒める。⑤ "④" を "②" の鍋に加えてよく混ぜ、2 分煮合わせる。⑥塩と、お好みでパクチーを加えてよく混ぜて完成。

■ムングダルを使ったレシピ

材料｜ムングダル 2 カップ◎野菜　150 〜 200g(夏・春・秋の野菜、大根)◎玉ねぎ　1/3 個 スライス◎生姜　500 円玉 2 枚分 みじん切り◎トマト缶　50g ◎水 600 cc◎クミンシード 小さじ 2/3 ◎鷹の爪　5 本◎塩 小さじ 1 と 1/3 〜◎サラダ油 大さじ 2

A. ターメリック 小さじ 1/2 ◎チリパウダー 小さじ 1/2 ◎コリアンダーパウダー 小さじ 1/2 ◎クミンパウダー 小さじ 1/2

手順｜①鍋にムングダルを入れて 2 回水でゆすぎ、水を入れて中火にかけて沸かし、鍋を一度底からしっかりと混ぜる。②野菜を加えて再度沸かし、火を弱火にしてフタをして 25 分煮る。③小さめのフライパンに油と鷹の爪を入れて弱めの中火にかけ、鷹の爪から香りが立ったらクミンシードを加えて 10 秒炒める。④玉ねぎを加えてきつね色になるまで炒め、生姜を加えて 10 秒炒める。⑤トマト缶を加えて 60 秒炒め、Aを加えてさらに 10 秒炒める。⑥ "⑤" を "②" の鍋に加えてよく混ぜ、2 分煮合わせる。⑥塩を加えてよく混ぜて完成。

【レモン】

旬 |

9〜3月。夏のイメージが強いですが、実は寒い時期が旬の果物です。

下ごしらえ |

①丸のまま水洗いをして、水気をきれいに拭き取ります。②両端を包丁で切り落とします。③レシピに応じてカットします。

保存方法 |

○一つ一つラップで包むか、ポリ袋などに入れて野菜室で保存します。状態が良いものは1週間以上保存できます。○水滴がついていると傷んだり、カビたりしやすいので濡れている場合はきちんと水滴を拭き取ってからラップしましょう。○切った残りの部分も、切り口をしっかりとラップで覆えば冷蔵庫で3日程持ちます。切ったものや傷があるものは傷みやすいので、優先的に使うようにしましょう。

カリ〜雑学 |

レモンの原産は地中海だろうと勝手に思っていたのですが、それでも一応調べておこうと思い調べてみたらびっくりな事実が分かりました。なんとレモンの原産はインドのアッサム地方とのことで、そこからヨーロッパに伝わったんだそうです。そしてそのアッサムにある原種のレモンのイラストを載せてみました。どうですか？端が尖ったレモンしか知らない私たちにはかなり不思議に感じる形状ですよね。このフォルムのレモンがいつ頃からどのようにして今のトンガリ形になったのでしょうか。この本を書いていると身近な食材にも意外な過去があったりすることが分かるのですが、レモンは一番の驚きでした。ちなみにレモンと兄弟的な存在のように思えるライムですが、原産はインド北東部からミャンマーにかけてと言われているそうです。これまたメキシコかと思っていましたが、そうではなかったんですね。なお、日本で栽培されているライムの旬は、レモンより少し短く9〜12月頃とのことです。

▽レモネード (冷・温)
の素　　　　　　　▽レモンのアチャール

カリ〜ビトのカリ〜＆アチャール辞典

レモネード（冷・温）の素

食べ頃｜冷蔵庫で最低5日程度寝かせて
保存｜冷蔵庫で1ヶ月程度
材料｜

レモン 200g 両端を切り落として1cm厚さの輪切り◎グラニュー糖 150g◎はちみつ 大さじ3◎生姜 500円玉5枚分のスライス◎シナモン 3cm×1枚◎クローブ 3粒◎カルダモン 3粒◎八角 角3つ分

手順｜

①全ての材料を混ぜ合わせ、煮沸消毒した瓶や熱湯消毒した保存容器、もしくはチャック付き保存袋に入れて冷蔵庫に入れる。②スパイスの香りが強く感じられる場合は、量を減らしたり3～5日程度漬けた時点で取り出してしまっても良いです。

飲み方｜

容器の中でシロップ状のものが出来上がりますが、それがレモネードの素です。炭酸で割る場合はソーダが2で、レモネードの素が1、お湯で割る場合はそれぞれ1:1を基本に考えて、後はお好みで濃さを調整できます。また使用するスパイスは一例ですので、お好みで色々お試しいただくと楽しいでしょう。割り物もソーダだけでなくトニックウォーターや白ワイン&ソーダなどアイデアで相当楽しみ方の幅が広がります。ぜひ店主とアイデア交換しましょう！

レモンのアチャール

食べ頃｜冷蔵庫で10日程度寝かせて
保存｜冷蔵庫で1ヶ月程度
材料｜

レモン 350g 両端を切り落として8等分のくし切り◎塩 30g◎砂糖 175g◎パンチフォロン 大さじ1と1/2◎生姜 30g みじん切り◎ヒング 小さじ1/6◎ターメリック 小さじ1/2◎チリパウダー 小さじ1と1/2◎レモン果汁50cc◎穀物酢 30cc◎オリーブオイル30cc

手順｜

①カットしたレモンに塩と砂糖をまぶし、2時間程度休ませる。②パンチフォロンを電動ミルか石臼でパウダーにする。③"②"で作ったパンチフォロンパウダーとその他全ての材料を①のレモンに合わせ、全体が均一になるまでしっかりと混ぜる。④チャック付きの保存袋に入れて空気をしっかり抜いて封を閉じ、冷蔵庫に入れて寝かせる。

【春の七草】

んかもっと分かりません。ですが、せっかくなので春の七草もおまけレシピで収録したいなと思い、スパイスで合わせるとしたらどうかと色々考えてみました。アチャールはどうしても無理そうなので、ここではその代わりに、インドのひよこ豆のパンケーキを紹介します。

下ごしらえ｜

せり、なずな、ごぎょう、はこべら、ほとけのざ

①さっと水で洗い、水気を切る。②包丁やキッチンバサミで適当な長さに切り、1% の濃さで塩を入れたお湯でさっと 30 秒程度茹でて、お湯から引き上げる。③冷水にとって冷まし、水気を切る。

すずな、すずしろ

①葉を根元から切って、葉を 1 ㎝幅の長さに切る。②白い根の部分はさっと洗って 1cm 角くらいの大きさになるように切る。③ "②" の根を、1% の濃さで塩を入れたお湯で 1 分茹で、お湯から引き上げる。④同じお湯に "①" を入れて 30 秒下茹でし、お湯から引き上げて冷水で冷まし、水気を切る。

▽七草クートゥ　　　▽七草チーラ

春の七草のような野草を食べる国が日本以外にどこにあるのか私はよく知りません。中国や韓国にはきっとあるんでしょうが、それも想像です。インドのことな

カリ～ビトのカリ～＆アチャール辞典

七草クートゥ

材料|

下ごしらえした春の七草　1パック◎
チャナダル　2/3カップ◎水　650cc◎
ターメリック 小さじ1/4◎ココナッツ
ミルク200cc◎塩 小さじ1〜

テンパリング. サラダ油(あればココ
ナッツオイル) 大さじ1と1/2◎ブラウ
ンマスタードシード　小さじ1/4◎ホー
ルチリ　3本◎クミンシード　小さじ
1/4◎ヒング　小さじ1/6◎カレーリー
フ　10枚◎生姜　10g　みじん切り◎玉
ねぎ　50g　みじん切り

手順|

①厚手の鍋にチャナダルを入れて水で2
回ゆすぎ、650ccの水を入れて中火にか
けて沸かし、浮いてくるアクを簡単にす
くい取る。②火を弱火にしてターメリッ
クを加えてよく混ぜ、フタをして30分
煮る。③フタを外して下ごしらえした春
の七草を加えて弱火のまま再度沸かし、
ココナッツミルクを加えてさらに沸か
す。④別で小さめのフライパンを用意し、
サラダ油とブラウンマスタードシードを
入れて弱めの中火にかけて、弾けるまで
熱する。⑤ホールチリとクミンシードを
加えて10秒炒める。⑥ヒングとカレー
リーフを加えて一混ぜし、生姜と玉ねぎ
を加えて混ぜながら30秒炒め、"③"の

鍋に加えてよく混ぜ、3分煮合わせる。
④塩を加えてよく混ぜて完成。

七草チーラ（2枚分）

材料|

下ごしらえした春の七草　1パック分◎
ベスン(ひよこ豆の粉)　1と1/2カッ
プ◎ターメリック　小さじ1/5◎玉ねぎ
みじん切り　大さじ1◎生姜みじん切り
大さじ1◎クミンシード　小さじ1/4◎
水　1カップ◎塩　小さじ1/2〜

手順|

①ボウルにベスンとターメリックと玉ね
ぎ、生姜、クミンシードを加えて全体を
軽く混ぜる。②水と塩を加えて全体が均
一になるまでホイッパーやフォークを
使って混ぜる。③下ごしらえした春の七
草を加えて全体をざっくり混ぜる。④フ
ライパンに薄く油を引いて弱めの中火に
かける。"③"を一滴フライパンに垂ら
してみてじゅ〜っと音がしたら、おたま
で半分の量をすくってフライパンに垂ら
し、そのままおたまで薄く均一になら
す。クレープより少し厚いくらいの感じ
です。⑤そのまま2分半片面を焼いて裏
返し、さらにもう2分焼いて完成。※ヨー
グルトや本書掲載のお好きなアチャール
と一緒にお召し上がりください！

季節の変わりラッサム

　ラッサムとは、南インドで広く親しまれている辛酸っぱいスープ状の料理のことで、辛味は唐辛子、酸味はタマリンドやトマトからきています。現地でも様々なバリエーションレシピが存在していますが、私はラッサムがスープっぽい料理であるということを活かし、出汁がうまくスパイスやタマリンドと馴染むような食材を中心に、ラッサムの具として使用することを心がけています。最近ではフグを使って作ったものがお店で人気だったのですが、フグは手に入ったり入らなかったりですし、ラッサムはもともと温かい地域の料理なので、春や夏の食材と合わせることでむしろ本領を発揮する料理と言えるかもしれません。そこで、ここでは皆さんにいつでもラッサムを楽しんでいただけるようにと春夏秋冬それぞれの季節に適したアレンジ素材を考え、まとめてみました。p.17 の食材をそれぞれ置き換えてお楽しみください。もちろん、ここにあげたものは私の好みで独断と偏見に満ち溢れています。あくまでこれは参考に、あとは皆さんの地域の特産品なども活用していただいて、オリジナルラッサムを発明して、また私に教えていただけたら嬉しいです！ちなみにここでのアレンジ食材は、季節感を最大化するために主に海鮮を使用しています。

冬 | カキ (真牡蠣)200g ＋水菜 100g
カキは一度水洗いして。水菜は水でゆすいで 3 ㎝幅に切って。

春 | 真鯛切り身 300g ＋タラの芽 100g
真鯛はそのまま、もしくは少しのターメリックとチリパウダー、塩をまぶして両面を油で焼いて焼き色をつけて。タラの芽は少しの油で軽く炒めて。

夏 | 太刀魚切り身 250g ＋ズッキーニ 150g
太刀魚はそのまま、もしくは少しのターメリックとチリパウダー、塩をまぶして両面を油で焼いて焼き色をつけて。ズッキーニもそのまま、もしくは 1 ㎝厚さで輪切りにしてトースターなどで軽く炙って。

秋 | ワタリガニ 250g ＋キノコ 150g
ワタリガニは軽く下茹でして、キノコは食べやすい大きさにカットして。

※食材を加えるタイミングはどの季節も元のレシピ（p.17）と同じで、どちらもフグと長ネギを鍋に加えるのと同じタイミングで入れてください。

お酢について

読者さまより、夏・秋版で「レシピに何種類かのお酢が登場しますが、それらをどのように使い分けているのでしょうか」というご質問をいただきました。せっかくですので、丸ごと1ページ使ってお答えしようと思います!

私は、料理の仕上がりの酸味のイメージと実際に食べた時に一口目で感じる味わいを考えて、下記の5つのお酢と、それにレモン果汁を加えた計6種類の"酸味係"を使い分けます。しかしながら、これは私のアイデアであり、ことアチャール作りでは大体の場合、酸味係は相互に置き換えたり、混ぜ合わせて使ったりすることも可能です。

①白ワインビネガー｜私が一番よく使うお酢です。スッキリとしたクセのない酸味で、かなり幅広い食材やスパイスと相性良く使える万能タイプのお酢です。どれを使うか困ったらコレですね!

②りんご酢｜酸味が穏やかでフルーティーです。果物を使ったアチャールや、新玉ねぎのアチャール (p.31) のように加熱しないアチャールと特に、相性が良いと思っています。

③米酢｜まろやかな酸味とほのかな甘味が特徴です。酸味少なめで和風をイメージした創作アチャールに使います。酸味に敏感な方は白ワインビネガーの代用にも使えます。

④すし酢｜出汁の旨味、甘味、塩味がバランス良く含まれています。和風や中華風の創作アチャールに使ったり、他のお酢に混ぜて、日本人の味覚を意識した味や香りに寄せるために使ったりします。

⑤穀物酢｜すっきりしたきれいな酸味があり、味にほどよい厚みも持たせてくれます。白ワインビネガー同様に万能タイプで、どのアチャールにも使えます。

⑥レモン果汁｜私は加熱せず混ぜるだけのアチャールによく使います。ただインドでは加熱するものにも使うので、使用に関して厳密なルールはありません。他のお酢に混ぜて使ってもよいでしょう。

しかしそうはいっても味の好みは人それぞれ!世界にはなんと数千種類ともいわれるとんでもない種類のお酢が存在しているそうです。ここはひとつ、本書を片手に世界を渡り歩き、手に入れたお酢を使って、より自分好みの味を追求する旅に出てみてはいかがでしょうか!

必須スパイスと必須ではないスパイス

　本書のレシピは私がお店で実際に使用したものなので、登場するスパイスの種類が少し多く、入手が難しいものもあると思います。しかしレシピのスパイスは全部揃えないとダメなのかというと、実はそうでもありません。これは、カリ〜に使うスパイスには「必須スパイス」と「必須ではないスパイス」があって、「必須スパイス」さえあればとりあえずカリ〜は作ることができるからです。「必須スパイス」でカリ〜になって、「必須ではないスパイス」で個性を出す、そんな感じです。ここでは本書で登場するスパイスについて、それぞれの必須度合いを★3つで表してみました。

■ホールスパイス

ベイリーフ★★☆＊ローリエで代用可能です。｜シナモン★★☆｜クローブ、カルダモン、ブラックカルダモン★☆☆｜八角★☆☆＊手に入りやすいですが、好き嫌いが分かれるので。｜ブラウンマスタードシード★★★｜クミンシード★★☆｜パンチフォロン、フェンネルシード、フェヌグリークシード★☆☆＊ブラウンマスタードシードとクミンシードで置き換えても！　例：パンチフォロン　小さじ1→ブラウンマスタードシード　小さじ1/2、クミンシード　小さじ1/2｜鷹の爪★★★｜ブラックペッパー(粒)★☆☆｜キャラウェイシード★☆☆＊クミンシードで代用しても！｜コリアンダーシード★☆☆＊本書では必須度低めです。

凡例

★☆☆：必須ではない。揃えるとしても優先度低め。

★★☆：必須ではない。揃えるとしたら優先度高め。

★★★：必須…！

■パウダースパイス

ターメリック★★★｜チリパウダー、パプリカパウダー★★★｜コリアンダーパウダー★★☆｜ガラムマサラ★★☆｜クミンパウダー★☆☆｜ブラックペッパーパウダー★☆☆｜ホワイトペッパーパウダー★★★※これ、実はブラックペッパーで代用できません。｜ローストツナパハ★★★　※スリランカ料理でしか出てきませんが、それにはこれがないと…。

■ハーブ・香味野菜・その他

カスリメティ★★☆＊あればカリ〜がぐっと美味しく！｜タマリンドペースト★★★＊マニアックですがこれだけはすみません！って感じの食材です。｜カレーリーフ★☆☆※重要食材ですが本書ではあれば嬉しい！って感じです。｜ヒング★☆☆＊同上！｜グリーンチリ★★☆＊辛み成分ですがうま味成分でもあります！｜ランペ★☆☆

カリ～ビトの歴史

　最近はありがたい事に忙しくさせてもらっていて、休みといっても本当に体を休める事が優先で、以前熱中していた釣りや食べ歩きの趣味もままならない感じです（笑）普段は家族との時間もなかなか取れないので年に数回休みをいただいて、家族旅行でリフレッシュするのが定番行事になっています。最近は沖縄が好きで、温暖な気候と青い海に本当に癒されまくりです。

実はカリ～ビトは、ここまで決して順風満帆な航海ではありませんでした。2015年のオープンから2年、売上不振が続きお店の方針の大幅な見直しを決断。メニュー、盛り付け、価格、全て一からやり替えるつもりで取り組みました。営業しながらなので、作業は全て閉店後。辞書片手に英語のレシピ本を読み漁ったりもして、気付いたら朝になっていた事もよくありました。我ながらよくやったと思います。今思えば必死でしたね。

　そして「限定カリ～」を始めたんですが、すると今度はそれを継続するためのレシピ作りがまた大変で…(とはいえ、この時のネタが後にこうして本になるんですが!)。そして2019年、この頃からじわじわと客足が増え始めました。仕込みの量も明らかに増え、変化が起こったことを実感しました。10月20日には初めての大きなテレビ番組のオファーがあり、さらに某グルメサイトの100店に選ばれもして、それらが追い風となりようやくお店が軌道に乗り始めたんです。ところが2020年、まさかのパンデミック!!

世界中が外出を控え、飲食店は営業に厳しい制限が。しかしそんな中、カレーで自分に何が出来るだろうと考え、GWに「手食でバナナリーフミールス」のデリバリー（karizon prime meals）を決行。2日間で東京23区を車で周りお客さまにカレーを届けました。お客さまからはSNSで続々と、お家時間で楽しむカレーの画像が。嬉しかったですし、自分とカレーの存在意義を感じました。

　そうそう、私もう一つ好きなものがあって、それが実は車なんです。丁度この時期に車買い替えたんです。正月明けに夫婦でカレーを食べに外出した時に、スマホで何気なく車を見てたんですが、気になる車を見つけてしまったんですよ。妻にダメもとでどぅかな～と話したらなんと「買っちゃえば（笑）」という思いがけない返答。10年落ちの中古車だったんですけど、店を初めてからずっと頑張ってきたつもりなんで、このくらいはいいか⁉って買っちゃいました（笑）

　2023年後半、パンデミックも落ち着き、お客さまも戻ってきてくれてこれで一安心と思った矢先！今度は食材や資材の価格が高騰し、最近は価格と質の維持の為の試行錯誤の毎日です。一部値上げ等もしましたが、ちょっと美味しい街のカレー屋としてお客さまから愛される続けることができるよう日々精進しています。一難去ってまた一難ですが、これも仕事の醍醐味と前向きに捉えています。より良いお店作りの旅はこれからも続いていくのでした。

さいごに

カリ〜＆アチャール辞典　冬・春版、いかがでしたか？

人生初のレシピ本 (夏・秋版) をリリースしてから約半年、無事2冊目のレシピ本も完成させる事ができました。これで春・夏・秋・冬が出揃ったかたちです。人生初の出版、しかも半年で2冊、目の前に2冊を並べてみると、ちょっと背中がゾワゾワする感じです。

2015年に脱サラして9年、作り続けて溜まってきたレシピメモを見ながら「これなんか形として残せないかな〜」と思っていたんです。ただ自分ではどぉしていいかもわからず、なんだか悶々とした日々を過ごしていた時この話をもらって。

この本が出来上がって、今まで作ってきたスパイスカレーやアチャールを書籍でアーカイブとして残せる事で、このカレーの世界にカリ〜ビトが存在した証にもなるのかなと思ってます。（なんかいなくなっちゃうみたいな書き方ですが、全然いなくなりませんし、これからもガンガンやっていきます笑）

それからよく言われるんですが、せっかく考えたレシピを公開していいの？真似されちゃわない？って。カリ〜ビトのレシピは今も増殖し続けています。この本が完成する頃には更に50以上は増え

てるかな〜。このレシピ達は自分にとっては過去の物なんです。だから別に真似をされてもそれはそれでいいかなって素直に思います。それより、もしご自宅で美味しいスパイスカレーやアチャールを作って食べたいって思ってる方がいれば、その人達と繋がっていける事の方が大切なんじゃないかな〜っていう気持ちの方が今は強いです。

スパイスカレーは自由で無限です。そして美味しくて楽しい！これからもそれを皆さんと共有していければいいな〜と思っています。

最後になりましたが、もう一言だけ。皆さま、是非お店にも遊びにいらしてください〜！

著者　安川 知廣（やすかわともひろ）

1968 年生まれ。2015 年脱サラして東京飯
田橋にスパイスカレーとスパイスバルの店
を開業。これまで 300 種類 11 万食以上の
カレーを提供する。

企画 / 編集	Layered Little Press
発行元	Layered Little Press
発行元住所	〒 739-0321　広島県広島市安芸区中野 3 丁目 3-11-611
発行者	Tommo Sogane
印刷	有限会社　国宗
写真	安川 知廣
構成 / イラスト	amanico
連絡先	tommo@llittle.press
WEB	https://www.llittle.press

旬菜を楽しむ カリ〜ビトの

カリ〜&
アチャール辞典
冬・春 版

2024 年 3 月 1 日　第 1 刷

2024 年 3 月 1 日　電子書籍版発行